생각디딤돌

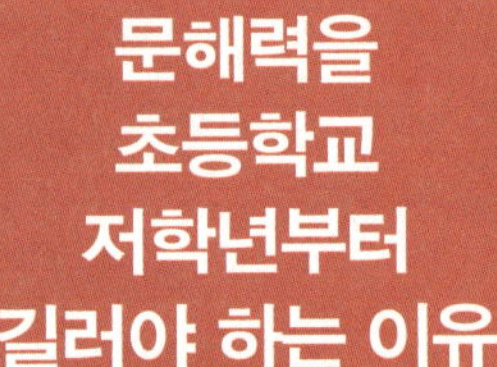

*어휘력 : 어휘를 마음대로 부리어 쓸 수 있는 능력.
*독해력 : 글을 읽고 이해하는 능력.
*문해력 : 혼자 읽고 이해하고, 생각할 수 있는 능력.
　　　　경제개발협력기구(OECD)에서 정의한 문해력은 읽고 이해하는 것 이외의 기능.
　　　　글을 이해하고, 평가하고, 사용하고, 글로 소통하는 능력으로 정의.
　　　　즉 글을 읽고, 이해하고 사용할 줄 아는 능력.

문해력을 초등학교 저학년부터 길러야 하는 이유

1. 초등학교 시기는 '공부 머리 뇌'로 알려진 전두엽이 폭발적으로 발달한다. 이때 문해력을 기르지 않으면 기억력과 사고력을 담당하는 전두엽이 활성화되지 않기 때문에 당연히 공부 효율이 떨어질 수밖에 없다.
2. 글을 읽고 이해하고 사용하는 것이 공부의 기본이자 전부이다. 즉 문해력이 뒷받침되지 않으면 공부를 시작조차 할 수 없다. 문해력이 부족하면 학습에서 불리할 수밖에 없다.
3. 문해력을 길러놓지 않으면 장래 할 수 있는 일이 없다. 무슨 일을 하건 창의력이 필요한데 문해력의 능력이 없다면 새로운 생각, 새로운 능력을 발휘하기 어렵다.
4. 학습 어휘를 제대로 이해하지 못하면 문해력의 발전은 기대하기 어렵다. 문해는 어휘를 기본으로 하기 때문이다.

2학년을 문해력 발달의 골든 타임으로 보는 이유

1. 3학년부터는 본격적인 학습을 위한 읽기가 시작된다.
2. 초등 3학년부터는 교과목 수가 늘어나는 데다 내용도 어려워진다. 당연히 고급 어휘들이 다양하게 등장한다.
3. 2학년까지 아이들이 해독을 어려워한다면 학년이 올라갈수록 기초 학력 부족이 누적되면서 학습 격차가 더욱 벌어질 수밖에 없다.
4. 초기 문해력을 갖추지 못한 아이들은 공부의 기초 체력이 허약해 공부에 대한 자신감을 쉽게 잃어버릴 수 있다.

5. 아이의 학습 능력을 높이고 싶어서 학원에 보내지만 별 효과를 못 얻는 이유는 학습 격차의 주요 원인이 문해력 격차 때문이다.

6. 초등 2학년까지 문해력 기초를 탄탄하게 다져놓지 않으면 3학년부터는 문해력 격차이든 학습 격차이든 따라잡는 것이 더욱 어려워진다.

---

1. 문해력 수준이 낮으면 학습 기회를 상실하고 학습 의욕 저하로 이어진다.

2. 글 읽기의 양이 감소하는 결과를 낳는다.

3. 아이 스스로 글을 못 읽는다며 자포자기하게 되고 공부에 대한 의욕마저 잃어버린다.

4. 어렸을 때 필요한 문해력 시기에 읽기 능력을 적절하게 발달시키지 못하면 문해력 격차가 발생하는데, 한 번 격차가 벌어지면 그 격차가 점점 더 커지게 된다. 잘 읽는 아이는 더 잘 읽고, 못 읽는 아이는 점점 더 뒤처질 수밖에 없다.

5. 학습도구어는 일상에서 사용되는 어휘와는 구별된다. 문해력이 뒷받침 되어야 교과서에 등장하는 학습도구어 의미를 이해할 수 있다.

---

1. 수능 만점자 30명 중 90%에 해당하는 학생들의 특징은 어려서부터 꾸준히 독서를 했다는 점이다. 그 결과 글 읽는 속도가 빨라져서 교과서나 참고서의 내용을 빨리 읽고 이해할 수 있게 되었다. 그러므로 모든 아이가 동일한 출발선에서 문해력 실력의 기초를 다질 수 있게끔 해야 한다.

2. 수많은 아이가 초등 입학 전부터 조기 교육을 시작해 초, 중, 고등학교 12년 내내 여러 학원을 전전하거나 족집게 학원을 찾지만, 만족할 만한 결과를 얻지 못하는 이유는 문해력 향상이 가장 효과적인 학습 방법이라는 사실을 모르기 때문이다.

이 책의 구성과 특징

내 아이를 명문대를 보낼 수 있는 가장 쉽고 빠른 방법
일타 강사를 찾을 것이 아니라 문해력부터 키워 주세요!

〈낱말 뜻을 이해하고 낱말의 쓰임을 완벽하게 익혀볼까요?〉

교과서에 나오는 중요 어휘를 선정하여 ①뜻을 설명하고, ②교과서 내용을 예문으로 적어 낱말을 이해하게 한 뒤에 ③낱말 따라 쓰기를 반복하고, ④낱말에 맞는 문장을 따라 쓰고, 그런 뒤에 ⑤짧은 글짓기를 통해 낱말을 완전히 익히도록 했어요. (하나의 어휘를 5~10회 이상 반복 학습)

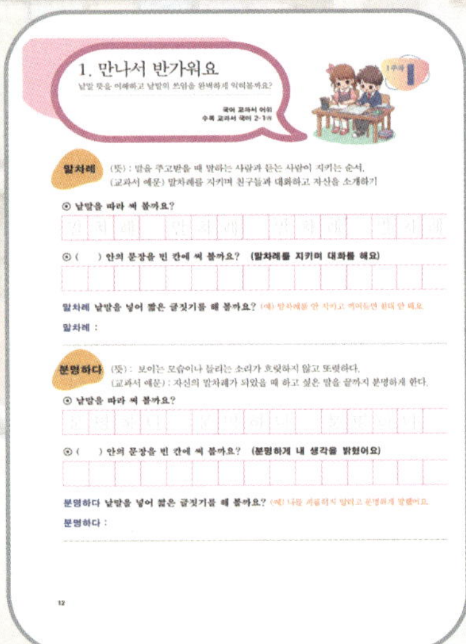
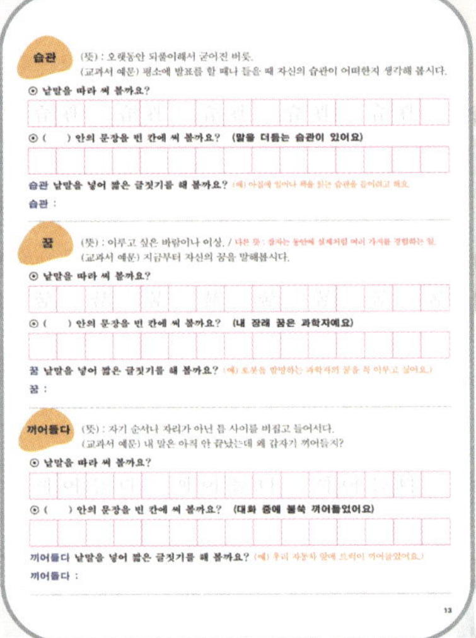
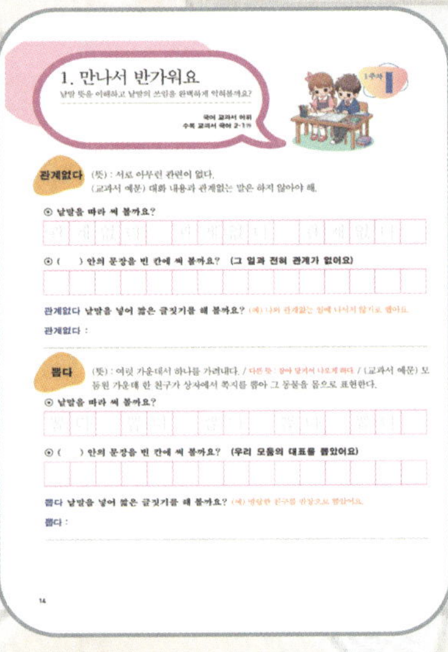

〈더 해보아요〉 앞에 배운 낱말을 다시 한번 배우고 익히도록 했어요.

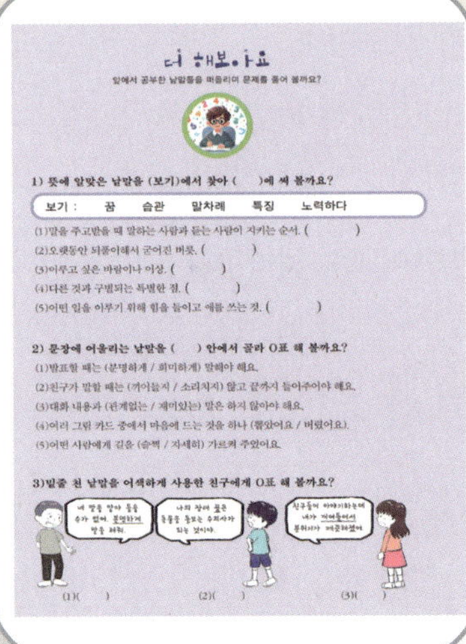
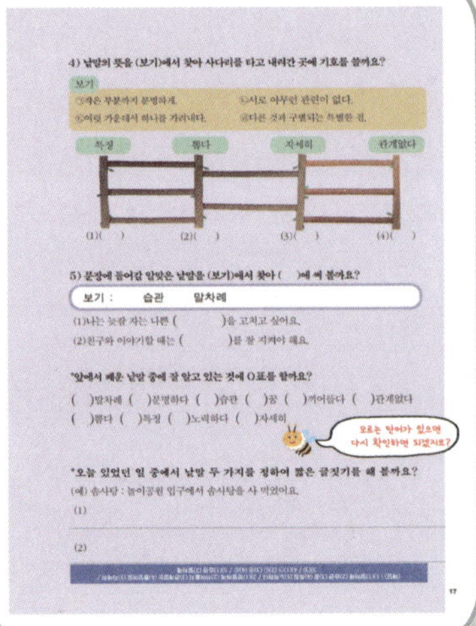

〈받아쓰기를 해보아요〉 앞에서 배운 단어를 떠올리며 받아쓰기를 해보도록 했어요.

〈어린왕자와 사막여우를 만나러 가요〉

어린왕자와 사막여우가 등장하여 그 단원에 나온 낱말을 인용한 재미있는 이야기를 나누어요. (나도 작가)에서는 어린왕자와 사막여우가 주고받았을 이야기를 상상하여 써 보는 거예요. 그런 뒤에 〈독해 실력이 쑥쑥쑥〉〈문해 실력이 쑥쑥쑥〉을 하게 했어요.

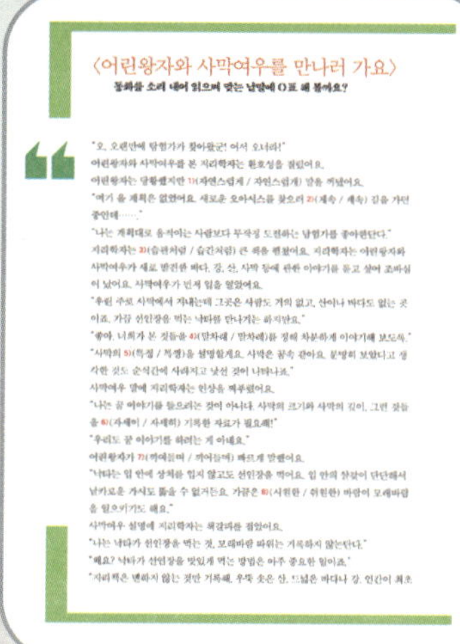

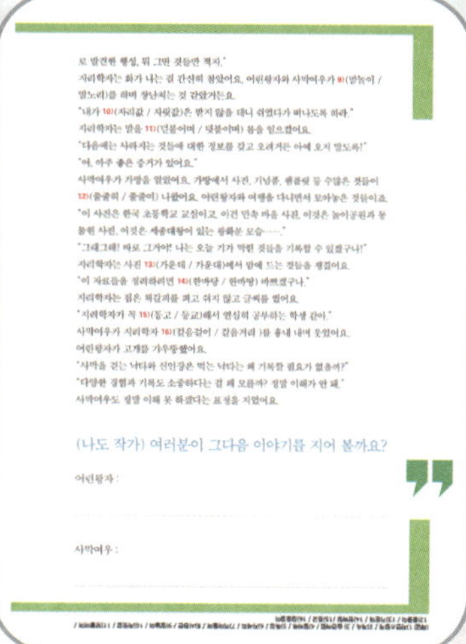

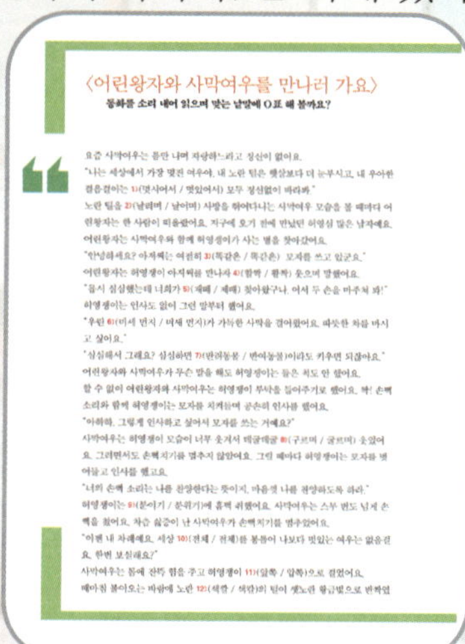

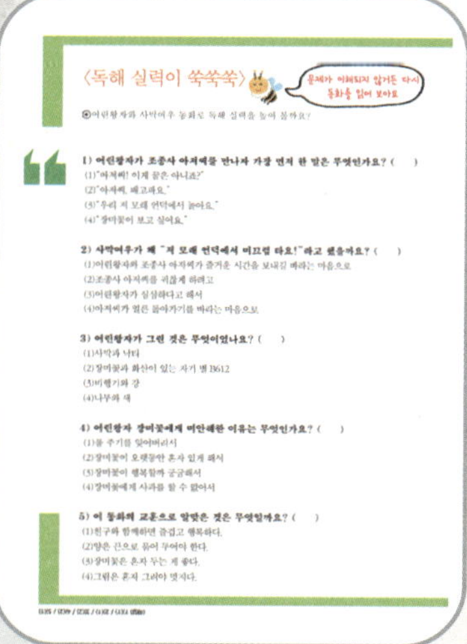

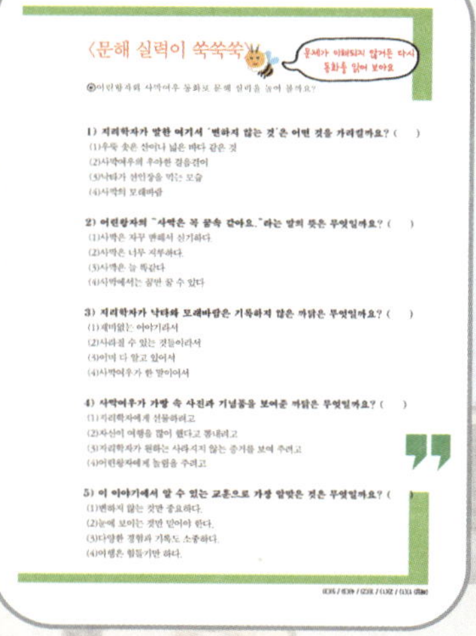

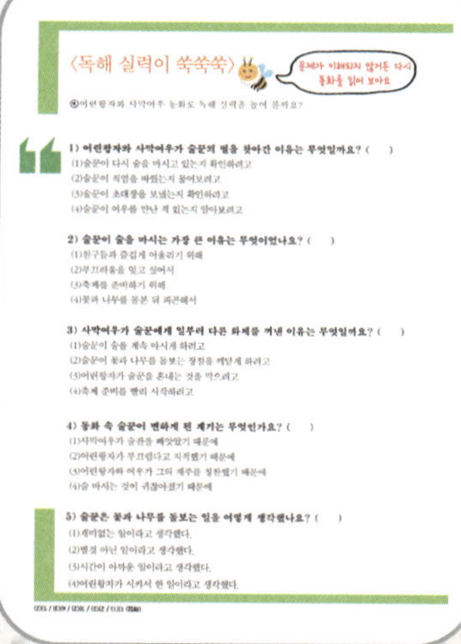

〈속담 실력이 쑥쑥쑥〉 재미있는 속담 동화를 통해 속담 실력을 기르게 했어요.

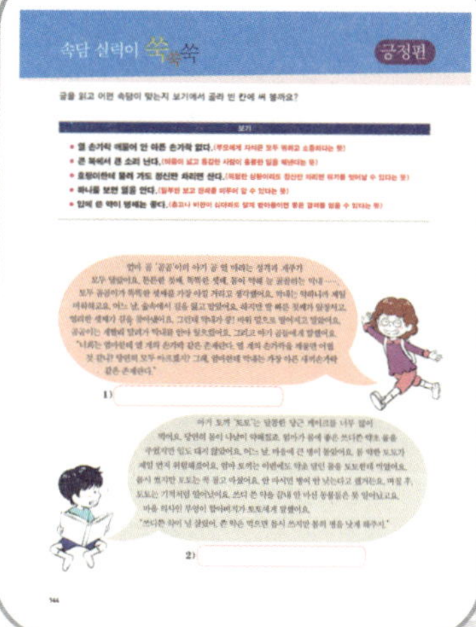

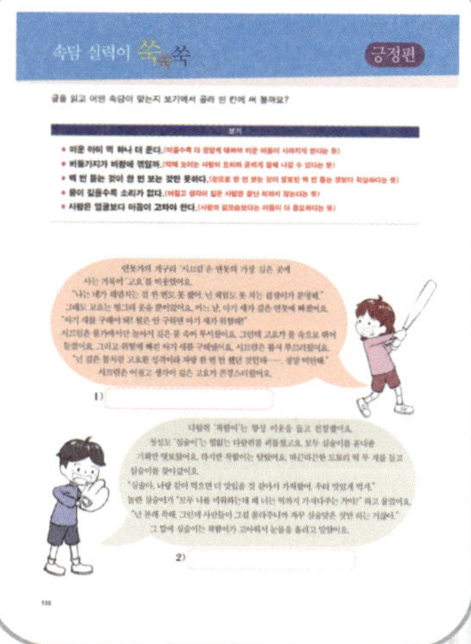

● 단순한 글자 반복 쓰기가 아닌 5~10회 이상 다양한 방법을 통해 지루하지 않고 재미있게 어휘를 익힐 수 있도록 꾸몄어요.

● 찾아보기 : 초등 2학년 학기 교과서에 나오는 어휘를 과목별로 나누어서 ㄱ~ㅎ 순서대로 정리했어요.

교과서 수업 목록

이 책은 초등 2학년 2학기 교과서 『국어』
『수학』『계절』『인물』『물건』『기억』에
수록된 어휘 중에 중요 어휘를 선별하여
반복 수업을 하도록 했습니다.

국어 1-1

이 책의 차례

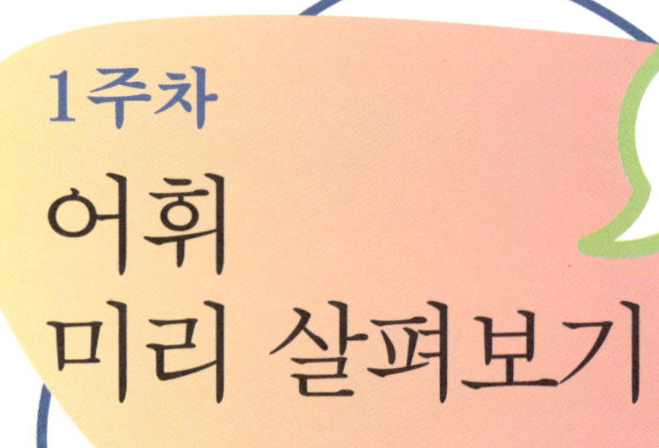

교과서 어휘력이 문해력의 시작이다!

- 한글의 어휘력 · 독해력 · 문해력을 그만 무시!
- 어휘력 · 독해력 · 문해력 실력은 모든 학업의 기본!
- 어휘력 · 독해력 · 문해력을 해결하려면 낱말 반복 복습부터 시작!
- 초등학교 교과서의 어휘력 · 독해력 · 문해력 해결은 명문대 입학의 지름길!

1회
국어 교과서 어휘

매콤하다 / 송골송골 / 지혜롭다 / 이빨 /
치료하다 / 신나다 / 생기다 / 난장판 /
번호 / 단원

공부한 날 ( )월 ( )일

2회
수학 교과서 어휘

네 자리 수 / 배열표 / 사천 / 숫자 / 팔천 /
곱셈구구 / 2단 곱셈구구 / 5단 곱셈구구 /
9단 곱셈구구 / 곱셈표

공부한 날 ( )월 ( )일

3회

국어 교과서 어휘

답답하다 / 짜증 / 친하다 / 부드럽다 / 귀담아듣다 / 상하다 / 조언하다 / 사귀다 / 칭찬하다 / 반응하다

공부한 날 (   )월 (   )일

4회

계절 교과서 어휘

사계절 / 나들이 / 일기 예보 / 겅중겅중 / 현장체험학습 / 물놀이 / 감기 / 체온 / 동상 / 화상

공부한 날 (   )월 (   )일

· 더 해보아요
· 받아쓰기를 해보아요
· 어린왕자와 사막여우를 만나러 가요
· 독해력이 쑥쑥쑥
· 문해력이 쑥쑥쑥
· 속담 실력이 쑥쑥쑥

1. 장면을 상상하며

낱말 뜻을 이해하고 낱말의 쓰임을 완벽하게 익혀볼까요?

교과서 어휘
수록 교과서 국어 2-2㉮

매콤하다

(뜻) : 냄새나 맛이 약간 맵다.

(교과서 예문) 매콤한 떡볶이를 먹으면서 땀을 흘리는 아이의 모습이 떠올랐어.

◉ 낱말을 따라 써 볼까요?

| 매 | 콤 | 하 | 다 | | 매 | 콤 | 하 | 다 | | 매 | 콤 | 하 | 다 | |

◉ ( ) 안의 문장을 빈 칸에 써 볼까요? **(떡볶이 맛이 약간 매콤했어요)**

| | | | | | | | | | | | | | |

매콤하다 낱말을 넣어 짧은 글짓기를 해볼까요? (예) 아빠는 매콤한 맛을 아주 좋아해요.

매콤하다 :

송골송골

(뜻) : 물방울이나 땀이 겉쪽에 솟아나는 모양.

(교과서 예문) 콧잔등에 땀이 송골송골

◉ 낱말을 따라 써 볼까요?

| 송 | 골 | 송 | 골 | | 송 | 골 | 송 | 골 | | 송 | 골 | 송 | 골 | |

◉ ( ) 안의 문장을 빈 칸에 써 볼까요? **(몸에 땀이 송골송골 맺혔어요)**

| | | | | | | | | | | | | | |

송골송골 낱말을 넣어 짧은 글짓기를 해볼까요? (예) 목욕탕 천장에 수증기가 송골송골 맺혔어요.

송골송골 :

지혜롭다 (뜻) : 지혜가 많다. 슬기롭다. / (교과서 예문) 지혜롭게 여우를 골탕 먹이는 드소토 선생님의 이야기가 정말 재미있었어.

⊙ 낱말을 따라 써 볼까요?

|지|혜|롭|다| |지|혜|롭|다| |지|혜|롭|다| |

⊙ (　　　) 안의 문장을 빈 칸에 써 볼까요?　　**(문제를 지혜롭게 해결했어요)**

| | | | | | | | | | | | | |

지혜롭다 낱말을 넣어 짧은 글짓기를 해볼까요? (예) 지혜롭고 용기 있는 사람이 될 거예요.

지혜롭다 :

이빨 (뜻) : 짐승의 '이'. 또는 '이'를 속되게 이르는 말. / (교과서 예문) 드소토 선생님은 쥐라서 몸집이 작은데 몸집이 큰 동물들의 이빨을 어떻게 치료해?

⊙ 낱말을 따라 써 볼까요?

|이|빨| |이|빨| |이|빨| |이|빨| |이|빨|

⊙ (　　　) 안의 문장을 빈 칸에 써 볼까요?　　**(강아지의 이빨이 날카로워요)**

| | | | | | | | | | | | | |

이빨 낱말을 넣어 짧은 글짓기를 해볼까요? (예) 호랑이가 이빨을 드러내고 으르렁거렸어요.

이빨 :

치료하다 (뜻) : 병이나 상처 따위를 잘 다스려 낫게 하다. / (교과서 예문) 드소토 선생님은 사다리를 타고 올라가서 몸집이 큰 동물들의 이빨을 치료해 주었어.

⊙ 낱말을 따라 써 볼까요?

|치|료|하|다| |치|료|하|다| |치|료|하|다|

⊙ (　　　) 안의 문장을 빈 칸에 써 볼까요?　　**(다친 고양이를 치료했어요)**

| | | | | | | | | | | | | |

치료하다 낱말을 넣어 짧은 글짓기를 해볼까요? (예) 병원에 가서 다친 무릎을 치료받았어요.

치료하다 :

1. 장면을 상상하며

낱말 뜻을 이해하고 낱말의 쓰임을 완벽하게 익혀볼까요?

교과서 어휘
수록 교과서 국어 2-2㉮

1주차 1

신나다

(뜻) : 기분이 아주 좋아지다.
(교과서 예문) 아이들이 신난 까닭은 무엇일까요?

◉ **낱말을 따라 써 볼까요?**

신	나	다		신	나	다		신	나	다		신	나	다

◉ **( ) 안의 문장을 빈 칸에 써 볼까요? (체육 시간에 신나게 뛰었어요)**

신나다 낱말을 넣어 짧은 글짓기를 해볼까요? (예) 동생이 땀을 뻘뻘 흘리며 신나게 놀았어요.

신나다 :

생기다

(뜻) : 없던 것이 새로 있게 되다.
(교과서 예문) 짜장면을 한 입 먹고 나면 어떤 일이 생긴다고 했나요?

◉ **낱말을 따라 써 볼까요?**

생	기	다		생	기	다		생	기	다		생	기	다

◉ **( ) 안의 문장을 빈 칸에 써 볼까요? (새로운 친구가 생겼어요)**

생기다 낱말을 넣어 짧은 글짓기를 해볼까요? (예) 옷에 김치가 떨어져서 얼룩이 생겼어요.

생기다 :

난장판

(뜻) : 여러 사람이 뒤섞여 마구 떠들어서 어지러운 곳.
(교과서 예문) 할머니의 하얀 집은 왜 난장판이 되었나요?

⊙ **낱말을 따라 써 볼까요?**

난	장	판		난	장	판		난	장	판		난	장	판

⊙ ( ) **안의 문장을 빈 칸에 써 볼까요?** **(마루가 난장판이 되었어요)**

난장판 낱말을 넣어 짧은 글짓기를 해볼까요? (예) 동생이 내 방을 난장판으로 만들어 놨어요.

난장판 :

번호

(뜻) : 차례를 나타내는 숫자.
(교과서 예문)『할머니의 하얀 집』에서 일이 일어난 차례대로 빈칸에 번호를 써 봅시다.

⊙ **낱말을 따라 써 볼까요?**

번	호		번	호		번	호		번	호		번	호

⊙ ( ) **안의 문장을 빈 칸에 써 볼까요?** **(앉을 좌석 번호를 확인했어요)**

번호 낱말을 넣어 짧은 글짓기를 해볼까요? (예) 영화관에 들어가 좌석 번호를 확인하고 앉았어요.

번호 :

단원

(뜻) : 하나의 주제를 다루는 학습 활동의 한 단위.
(교과서 예문) 이 단원에서 공부한 내용을 스스로 살펴봅시다.

⊙ **낱말을 따라 써 볼까요?**

단	원		단	원		단	원		단	원		단	원

⊙ ( ) **안의 문장을 빈 칸에 써 볼까요?** **(각 단원의 내용이 궁금했어요)**

단원 낱말을 넣어 짧은 글짓기를 해볼까요? (예) 한 단원을 마치고 다음 단원으로 넘어갔어요.

단원 :

더 해보아요

앞에서 공부한 낱말들을 떠올리며 문제를 풀어 볼까요?

1) 뜻에 알맞은 낱말을 (보기)에서 찾아 (　　　)에 써 볼까요?

> 보기 :　　단원　　번호　　난장판　　송골송골　　이빨

(1)물방울이나 땀이 겉쪽에 솟아나는 모양. (　　　　　　)

(2)짐승의 '이'. 또는 '이'를 속되게 이르는 말. (　　　　　　)

(3)여러 사람이 뒤섞여 마구 떠들어서 어지러운 곳. (　　　　　　)

(4)차례를 나타내는 숫자. (　　　　　　)

(5)하나의 주제를 다루는 학습 활동의 한 단위. (　　　　　　)

2) 문장에 어울리는 낱말을 (　　　) 안에서 골라 O표 해 볼까요?

(1)고춧가루 냄새를 맡아보니 (매콤 / 새콤)했어요.

(2)어려운 문제를 (시시하게 / 지혜롭게) 풀어서 다행이에요.

(3)감기에 심하게 걸렸는데 병원에 가서 (치료 / 감염)받았어요.

(4)친구들과 (재미없게 / 신나게) 뛰어놀았더니 땀이 났어요.

(5)새로운 도서관이 (생겨서 / 없어져서) 기분이 좋아요.

3) 밑줄 친 낱말을 틀리게 사용한 친구에게 O표 해볼까요?

(1)(　　　　) 　　　　(2)(　　　　) 　　　　(3)(　　　　)

4) 낱말의 뜻을 (보기)에서 찾아 사다리를 타고 내려간 곳에 기호를 쓸까요?

㉠여러 사람이 뒤섞여 마구 떠들어서 어지러운 곳.　　㉡지혜가 많다. 슬기롭다.
㉢하나의 주제를 다루는 학습 활동의 한 단위.　㉣물방울이나 땀이 겉쪽에 솟아나는 모양.

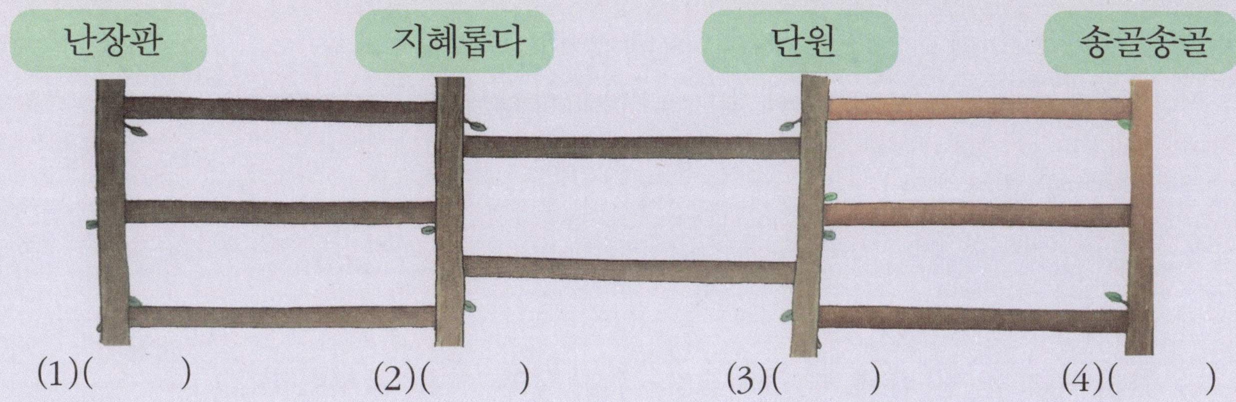

(1)(　　) 　　(2)(　　) 　　(3)(　　) 　　(4)(　　)

5) 문장에 들어갈 알맞은 낱말을 (보기)에서 찾아 (　　)에 써 볼까요?

보기 :　　난장판　　　　송골송골

(1)강아지를 방에 놔뒀더니 방안을 (　　　　　　)으로 만들었어요.
(2)친구들하고 축구를 했더니 이마에 땀이 (　　　　　　) 맺혔어요.

*앞에서 배운 낱말 중에 잘 알고 있는 것에 O표를 할까요?

(　　)매콤하다 (　　)송골송골 (　　)지혜롭다 (　　)이빨 (　　)치료하다
(　　)신나다 (　　)생기다 (　　)난장판 (　　)번호 (　　)단원

*오늘 있었던 일 중에서 낱말 두 가지를 정하여 짧은 글짓기를 해볼까요?
(예) 동생 : 동생이 공책에 낙서를 해서 화가 났어요.

(1)

(2)

1. 네 자리 수

낱말 뜻을 이해하고 낱말의 쓰임을 완벽하게 익혀볼까요?

교과서 어휘
수록 교과서 수학 2-2

네 자리 수 (뜻) : 천의 자리까지 있는 수. 1000에서 9999까지의 수.
(교과서 예문) 독도에 대해 알아보며 네 자리 수를 찾아볼까요?

◉ 낱말을 따라 써 볼까요?

네	자리	수	네	자리	수		

◉ (　) 안의 문장을 빈 칸에 써 볼까요?　(네 자리 수를 공부했어요)

네 자리 수 낱말을 넣어 짧은 글짓기를 해볼까요? (예) 은행 통장에 적힌 숫자가 네 자리 수예요.

네 자리 수 :

배열표 (뜻) : 일정한 차례나 간격에 따라 벌여 놓은 표.
(교과서 예문) 수 배열표에서 규칙을 찾아보세요.

◉ 낱말을 따라 써 볼까요?

배	열	표	배	열	표	배	열	표	배	열	표

◉ (　) 안의 문장을 빈 칸에 써 볼까요?　(곱셈구구 배열표를 만들었어요)

배열표 낱말을 넣어 짧은 글짓기를 해볼까요? (예) 친구와 수 배열표를 보며 공부했어요.

배열표 :

사천

(뜻) : 1000이 4개인 수.
(교과서 예문) 4000은 사천이라고 읽습니다.

◉ 낱말을 따라 써 볼까요?

| 사 | 천 | | 사 | 천 | | 사 | 천 | | 사 | 천 | | 사 | 천 | |

◉ ( ) 안의 문장을 빈 칸에 써 볼까요? **(준비물 값이 사천 원이에요)**

| | | | | | | | | | | | | | |

사천 낱말을 넣어 짧은 글짓기를 해볼까요? (예) 오늘 엄마와 함께 사천 보를 걸었어요.

사천 :

숫자

(뜻) : 수를 나타내는 글자. 1, 2, 3,… 따위이다.
(교과서 예문) 8729에서 각 자리의 숫자를 찾아봅시다.

◉ 낱말을 따라 써 볼까요?

| 숫 | 자 | | 숫 | 자 | | 숫 | 자 | | 숫 | 자 | | 숫 | 자 | |

◉ ( ) 안의 문장을 빈 칸에 써 볼까요? **(나는 숫자 중에 9가 좋아요)**

| | | | | | | | | | | | | | |

숫자 낱말을 넣어 짧은 글짓기를 해볼까요? (예) 동생은 숫자 공부를 아주 재미있어 해요.

숫자 :

팔천

(뜻) : 1000이 8개인 수.
(교과서 예문) 8은 천의 자리 숫자이고 8000을 나타냅니다.

◉ 낱말을 따라 써 볼까요?

| 팔 | 천 | | 팔 | 천 | | 팔 | 천 | | 팔 | 천 | | 팔 | 천 | |

◉ ( ) 안의 문장을 빈 칸에 써 볼까요? **(왕복 요금이 팔천 원이에요)**

| | | | | | | | | | | | | | |

팔천 낱말을 넣어 짧은 글짓기를 해볼까요? (예) 이번 주말에는 팔천 보를 걸어보려고 해요.

팔천 :

2. 곱셈구구

낱말 뜻을 이해하고 낱말의 쓰임을 완벽하게 익혀볼까요?

교과서 어휘
수록 교과서 수학 2-2

곱셈구구 (뜻) : 1에서 9까지의 수를 두 수끼리 서로 곱해 그 값을 나타내는 것.
(교과서 예문) 곱셈구구를 알아보고 곱셈 문제를 해결해 볼까요?

⊙ **낱말을 따라 써 볼까요?**

곱	셈	구	구		곱	셈	구	구		곱	셈	구	구	

⊙ (　　　) 안의 문장을 빈 칸에 써 볼까요?　**(어제 곱셈구구를 배웠어요)**

곱셈구구 낱말을 넣어 짧은 글짓기를 해볼까요? (예) 곱셈구구를 다 외웠어요.

곱셈구구 :

2단 곱셈구구 (뜻) : 2에 1부터 9까지의 수를 곱해 그 값을 나타낸 것.
(교과서 예문) 2단 곱셈구구를 알아볼까요

⊙ **낱말을 따라 써 볼까요?**

2	단		곱	셈	구	구		2	단		곱	셈	구	구

⊙ (　　　) 안의 문장을 빈 칸에 써 볼까요?　**(2단 곱셈구구는 아주 쉬워요)**

2단 곱셈구구 낱말을 넣어 짧은 글짓기를 해볼까요? (예) 오늘 수학 시간에 2단 곱셈구구를 배웠어요.

2단 곱셈구구 :

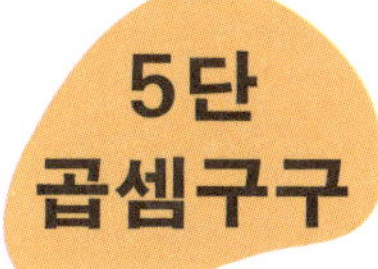

(뜻) : 5에 1부터 9까지의 수를 곱해 그 값을 나타낸 것.
(교과서 예문) 5단 곱셈구구를 알아볼까요

◉ 낱말을 따라 써 볼까요?

5	단		곱	셈	구	구		5	단		곱	셈	구	구

◉ ( ) 안의 문장을 빈 칸에 써 볼까요?　(5단 곱셈구구를 배웠어요)

5단 곱셈구구 낱말을 넣어 짧은 글짓기를 해볼까요? (예) 5단 곱셈구구는 숫자를 5씩 더하면 돼요.

5단 곱셈구구 :

(뜻) : 9에 1부터 9까지의 수를 곱해 그 값을 나타낸 것.
(교과서 예문) 9단 곱셈구구를 알아볼까요

◉ 낱말을 따라 써 볼까요?

9	단		곱	셈	구	구		9	단		곱	셈	구	구

◉ ( ) 안의 문장을 빈 칸에 써 볼까요?　(9단 곱셈구구를 배웠어요)

9단 곱셈구구 낱말을 넣어 짧은 글짓기를 해볼까요? (예) 9단 곱셈구구는 숫자를 9씩 더하면 돼요.

9단 곱셈구구 :

(뜻) : 셈을 나타낸 표, 또는 곱셈의 부호 '×'를 이르는 말.
(교과서 예문) 곱셈표를 어떻게 만들 수 있을지 이야기해 봅시다.

◉ 낱말을 따라 써 볼까요?

곱	셈	표		곱	셈	표		곱	셈	표		곱	셈	표

◉ ( ) 안의 문장을 빈 칸에 써 볼까요?　(곱셈표로 곱셈구구를 배웠어요)

곱셈표 낱말을 넣어 짧은 글짓기를 해볼까요? (예) 곱셈구구를 할 수 있는 곱셈표를 완성했어요.

곱셈표 :

더 해보아요

앞에서 공부한 낱말들을 떠올리며 문제를 풀어 볼까요?

1) 뜻에 알맞은 낱말을 〈보기〉에서 찾아 (   )에 써 볼까요?

> 보기 :   9단 곱셈구구   5단 곱셈구구   2단 곱셈구구   곱셈표   곱셈구구

(1)1에서 9까지의 수를 두 수끼리 서로 곱해 그 값을 나타내는 것. (   )

(2)2에 1부터 9까지의 수를 곱해 그 값을 나타낸 것. (   )

(3)5에 1부터 9까지의 수를 곱해 그 값을 나타낸 것. (   )

(4)9에 1부터 9까지의 수를 곱해 그 값을 나타낸 것. (   )

(5)셈을 나타낸 표, 또는 곱셈의 부호 'x' 를 이르는 말. (   )

2) 문장에 어울리는 낱말을 (   ) 안에서 골라 O표 해 볼까요?

(1)8003의 숫자는 (세 자리 수 / 네 자리 수)예요.

(2)천 원짜리 물건을 네 개 사려면 (사천 / 팔천) 원이 필요해요.

(3)천 원짜리 물건을 여덟 개 사려면 (오천 / 팔천) 원이 필요해요.

3) (   )안에서 알맞은 낱말을 골라 O표 해 볼까요?

×	0	1	2	3	4	5	6	7	8	9
0	0	0	0	0	0	0	0	0	0	0
1	0	1	2	3	4	5	6	7	8	9
2	0	2	4	6	8	10	12	14	16	18
3	0	3	6	9	12	15	18	21	24	27
4	0	4	8	12	16	20	24	28	32	36
5	0	5	10	15	20	25	30	35	40	45
6	0	6	12	18	24	30	36	42	48	54
7	0	7	14	21	28	35	42	49	56	63
8	0	8	16	24	32	40	48	56	64	72
9	0	9	18	27	36	45	54	63	72	81

4) 문장에 어울리는 낱말을 (   ) 안에서 골라 O표 해 볼까요?

(1)

(2)

5) 내용에 맞는 낱말을 찾아 선을 긋고 (   )에 번호를 써 볼까요?

(1) 2×3=6 2×4=8 2×5=10은 (   ) ·   · ①3단 곱셈구구

(2) 3×3=9 3×4=12 3×5=15는 (   ) ·   · ②5단 곱셈구구

(3) 5×5= 25 5×6= 30 5×7=35는 (   ) ·   · ③2단 곱셈구구

(4) 7×6=42 7×7=49 7×8=56은 (   ) ·   · ④9단 곱셈구구

(5) 9×7=63 9×8=72 9×9=81은 (   ) ·   · ⑤7단 곱셈구구

*앞에서 배운 낱말 중에 잘 알고 있는 것에 O표를 할까요?

(   )네 자리 수 (   )배열표 (   )사천 (   )숫자 (   )팔천 (   )곱셈구구
(   )2단 곱셈구구 (   )5단 곱셈구구 (   )9단 곱셈구구 (   )곱셈표

*오늘 있었던 일 중에서 낱말 두 가지를 정하여 짧은 글짓기를 해볼까요?

(예) 까마귀 : 공원에 까마귀가 아홉 마리 살고 있어요. 매일 까악까악 울어요.

(1)

____

(2)

____

2. 서로 존중해요

낱말 뜻을 이해하고 낱말의 쓰임을 완벽하게 익혀볼까요?

답답하다 (뜻) : 숨이 막힐 듯하다. 숨쉬기 어렵다.
(교과서 예문) 이 느림보 거북아, 넌 느려서 정말 답답해!

◉ **낱말을 따라 써 볼까요?**

| 답 | 답 | 하 | 다 | | 답 | 답 | 하 | 다 | | 답 | 답 | 하 | 다 | |

◉ ( ) **안의 문장을 빈 칸에 써 볼까요?** **(방이 좁아서 몹시 답답해요)**

| | | | | | | | | | | |

답답하다 낱말을 넣어 짧은 글짓기를 해볼까요? (예) 동생이 말을 안 하고 있으면 참 답답해요.

답답하다 :

짜증 (뜻) : 마음에 들지 않거나 귀찮아하다.
(교과서 예문) 이 까불이 토끼야! 촐랑대는 너를 보면 정말 짜증 나!

◉ **낱말을 따라 써 볼까요?**

| 짜 | 증 | | 짜 | 증 | | 짜 | 증 | | 짜 | 증 | | 짜 | 증 |

◉ ( ) **안의 문장을 빈 칸에 써 볼까요?** **(문제가 어려워서 짜증 났어요)**

| | | | | | | | | | | |

짜증 낱말을 넣어 짧은 글짓기를 해볼까요? (예) 날씨가 더우니까 아기가 짜증을 내면서 울어요.

짜증 :

친하다

(뜻) : 가까이 사귀어 정이 깊다.
(교과서 예문) 고운 말을 해 준 친구와 더 친하게 지내고 싶어졌어.

◉ 낱말을 따라 써 볼까요?

|친|하|다| |친|하|다| |친|하|다| |친|하|다|

◉ (　　　) 안의 문장을 빈 칸에 써 볼까요?　　**(짝꿍하고 나는 아주 친해요)**

친하다 낱말을 넣어 짧은 글짓기를 해볼까요? (예) 동생하고 강아지는 가끔씩만 친해요.

친하다 :

부드럽다

(뜻) : 목소리나 성질 등이 곱고 따뜻하다. / 다른 뜻 : 닿거나 스치는 느낌이 연하며 매끈함
(교과서 예문) 고운 말은 다른 사람의 마음을 헤아려서 부드럽게 하는 말이에요.

◉ 낱말을 따라 써 볼까요?

|부|드|럽|다| |부|드|럽|다| |부|드|럽|다|

◉ (　　　) 안의 문장을 빈 칸에 써 볼까요?　　**(엄마 목소리가 부드러워요)**

부드럽다 낱말을 넣어 짧은 글짓기를 해볼까요? (예) 선생님은 항상 부드러운 목소리로 타일러요.

부드럽다 :

귀담아듣다

(뜻) : 누구의 말을 주의하여 잘 듣다.
(교과서 예문) 하영이는 하늘이가 하는 말을 귀담아들어야 해요.

◉ 낱말을 따라 써 볼까요?

|귀|담|아|듣|다| |귀|담|아|듣|다|

◉ (　　　) 안의 문장을 빈 칸에 써 볼까요?　　**(동생은 내 말을 귀담아들어요)**

귀담아듣다 낱말을 넣어 짧은 글짓기를 해볼까요? (예) 친구는 내 말을 귀담아듣지 않아요.

귀담아듣다 :

1. 서로 존중해요

낱말 뜻을 이해하고 낱말의 쓰임을 완벽하게 익혀볼까요?

상하다

(뜻) : 나쁜 일을 당하여 마음이 좋지 않거나 불편해지다. / 다른 뜻 : 음식이 썩어 먹을 수 없음
(교과서 예문) 상대의 기분이 상하지 않게 말해야 해.

◉ **낱말을 따라 써 볼까요?**

상	하	다		상	하	다		상	하	다		상	하	다

◉ ( ) 안의 문장을 빈 칸에 써 볼까요? (심한 농담에 마음이 상했어요)

상하다 낱말을 넣어 짧은 글짓기를 해볼까요? (예) 내 말을 무시하는 친구 때문에 기분이 상했어요.

상하다 :

조언하다

(뜻) : 다른 사람에게 어려움이 있을 때 해결 방법을 알려주어서 도와주다.
(교과서 예문) 칭찬이나 조언하기

◉ **낱말을 따라 써 볼까요?**

조	언	하	다		조	언	하	다		조	언	하	다

◉ ( ) 안의 문장을 빈 칸에 써 볼까요? (책을 많이 읽자고 조언했어요)

조언하다 낱말을 넣어 짧은 글짓기를 해볼까요? (예) 몸이 약한 친구에게 같이 운동하자고 조언했어요.

조언하다 :

사귀다

(뜻) : 서로 알게 되어 사이좋게 지내다.
(교과서 예문)『크니프의 친구 사귀기』를 듣고 물음에 답해 봅시다.

◉ 낱말을 따라 써 볼까요?

사	귀	다		사	귀	다		사	귀	다		사	귀	다

◉ (   ) 안의 문장을 빈 칸에 써 볼까요?   **(짝꿍과 사귀기로 약속했어요)**

사귀다 낱말을 넣어 짧은 글짓기를 해볼까요? (예) 누나가 남자 친구와 사귄다고 자랑했어요.

사귀다 :

칭찬하다

(뜻) : 좋은 점이나 잘한 일에 대해 훌륭하다고 말로 나타내다. / (교과서 예문) 칭찬은
상대가 잘하는 점이나 노력하는 점, 상대의 좋은 점 따위를 높이 평가해 주는 것이에요.

◉ 낱말을 따라 써 볼까요?

칭	찬	하	다		칭	찬	하	다		칭	찬	하	다

◉ (   ) 안의 문장을 빈 칸에 써 볼까요?   **(형한테 잘했다고 칭찬받았어요)**

칭찬하다 낱말을 넣어 짧은 글짓기를 해볼까요? (예) 화분에 물을 주었더니 엄마가 칭찬해 주셨어요.

칭찬하다 :

반응하다

(뜻) : 자극에 대해 어떤 동작이나 태도를 보이다.
(교과서 예문) 진아가 말할 때 선우는 어떻게 반응하며 답했나요?

◉ 낱말을 따라 써 볼까요?

반	응	하	다		반	응	하	다		반	응	하	다

◉ (   ) 안의 문장을 빈 칸에 써 볼까요?   **(아무도 반응하지 않았어요)**

반응하다 낱말을 넣어 짧은 글짓기를 해볼까요? (예) 강아지는 내 말에 무조건 반응해요.

반응하다 :

더 해보아요

앞에서 공부한 낱말들을 떠올리며 문제를 풀어 볼까요?

1) 뜻에 맞는 낱말을 (보기)에서 찾아 (   )에 써 볼까요?

> 보기 :   부드럽다   친하다   반응하다   답답하다   짜증

(1)숨이 막힐 듯하다. 숨쉬기 어렵다. (   )

(2)마음에 들지 않거나 귀찮아하다. (   )

(3)가까이 사귀어 정이 깊다. (   )

(4)목소리 성질 등이 곱고 따뜻하다. (   )

(5)자극에 대해 어떤 동작이나 태도를 보이다. (   )

2) 문장에 어울리는 낱말을 (   ) 안에서 골라 O표 해 볼까요?

(1)주사를 맞고 울지 않은 동생을 (칭찬해 / 무시해) 주었어요.

(2)동생은 내가 뭘 시키면 (귀담아듣고 / 얼렁뚱땅) 꼭 따라 해요.

(3)친구가 내 흉을 보고 다녀서 기분이 (좋아서 / 상해서) 말도 안 했어요.

(4)친구들에게 아침마다 책을 읽자고 (약속 / 조언)했더니 모두 찬성했어요.

(5)동생이 유치원에서 여자 친구와 (사귄다며 / 헤어진다며) 자랑했어요.

3) 밑줄 친 낱말의 뜻으로 알맞은 것에 O표 해 볼까요? (   )

(1)필요 없는 말을 하지 않고 할 말만 한다.

(2)곱고 따뜻한 목소리로 대한다.

(3)친구가 말할 때 대꾸 없이 말만 들어준다.

4) 뜻에 알맞은 낱말을 글자판에서 찾아 묶고 (   )에 써 볼까요?

답	우	나	부
답	만	리	드
하	라	세	럽
다	친	하	다

(1)숨이 막힐 듯하다. 숨쉬기 어렵다. (   )
(2)가까이 사귀어 정이 깊다. (   )
(3)목소리 성질 등이 곱고 따뜻하다. (   )

5) 문장에 어울리는 낱말을 찾아 선을 긋고 (   )에 번호를 써 볼까요?

(1) 동생이 졸졸 따라다녀서 신경질이 났다. (   )   ·   ·①부드럽다

(2) 창문을 닫아놔서 공기가 엄청 나빴다. (   )   ·   ·②답답하다

(3) 엄마 목소리는 언제 들어도 따뜻하다. (   )   ·   ·③사귀다

(4) 처음 본 친구와 잘 지내보자고 말했다. (   )   ·   ·④짜증 나다

*앞에서 배운 낱말 중에 잘 알고 있는 것에 O표를 할까요?

(   )답답하다 (   )짜증 (   )친하다 (   )부드럽다 (   )귀담아듣다
(   )상하다 (   )조언하다 (   )사귀다 (   )칭찬하다 (   )반응하다

*오늘 있었던 일 중에서 낱말 두 가지를 정하여 짧은 글짓기를 해볼까요?

(예) 날씨 : 오전에는 흐렸는데 오후에는 해가 쨍쨍 내리쬐었어요.

(1)

(2)

계절

낱말 뜻을 이해하고 낱말의 쓰임을 완벽하게 익혀볼까요?

교과서 어휘
수록 교과서 계절 2-2

사계절

(뜻) : 봄 · 여름 · 가을 · 겨울의 네 계절.
(교과서 예문) 사계절을 생각하며 이야기해 볼까요?

◉ **낱말을 따라 써 볼까요?**

| 사 | 계 | 절 | | 사 | 계 | 절 | | 사 | 계 | 절 | | 사 | 계 | 절 |

◉ (　　　) 안의 문장을 빈 칸에 써 볼까요?　(사계절 중에 가을이 좋아요)

| | | | | | | | | | | |

사계절 낱말을 넣어 짧은 글짓기를 해볼까요? (예) 우리나라는 사계절이 뚜렷해요.

사계절 :

나들이

(뜻) : 잠깐 집을 떠나 다른 곳에 갔다 오는 일.
(교과서 예문) 나들이 계획을 세워 볼까요?

◉ **낱말을 따라 써 볼까요?**

| 나 | 들 | 이 | | 나 | 들 | 이 | | 나 | 들 | 이 | | 나 | 들 | 이 |

◉ (　　　) 안의 문장을 빈 칸에 써 볼까요?　(가족 나들이를 가기로 했어요)

| | | | | | | | | | | |

나들이 낱말을 넣어 짧은 글짓기를 해볼까요? (예) 할머니가 나들이 가고 싶다고 하셨어요.

나들이 :

일기 예보

(뜻) : 날씨를 미리 알리는 일.
(교과서 예문) 계절별 날씨를 알리는 일기 예보 놀이를 해 볼까요?

◉ **낱말을 따라 써 볼까요?**

일	기		예	보		일	기		예	보				

◉ **( ) 안의 문장을 빈 칸에 써 볼까요?　(오늘 일기 예보는 맑음이에요)**

일기 예보 낱말을 넣어 짧은 글짓기를 해볼까요? (예) 일기 예보에 비가 온다고 해서 우산을 챙겼어요.

일기 예보 :

경중경중

(뜻) : 위로 자꾸 솟구쳐 뛰는 모양을 나타내는 말.
(교과서 예문) 캥거루는 경중경중

◉ **낱말을 따라 써 볼까요?**

경	중	경	중		경	중	경	중		경	중	경	중	

◉ **( ) 안의 문장을 빈 칸에 써 볼까요?　(기린이 경중경중 뛰었어요)**

경중경중 낱말을 넣어 짧은 글짓기를 해볼까요? (예) 형이 좋아서 경중경중 뛰며 활짝 웃었어요.

경중경중 :

현장체험학습

(뜻) : 학습에 필요한 자료가 있는 현장에 직접 찾아가 겪으면서 배우는 일.
(교과서 예문) 현장체험학습을 갈 때 지켜야 할 안전 수칙에 ○를 해 볼까요?

◉ **낱말을 따라 써 볼까요?**

현	장	체	험	학	습		현	장	체	험	학	습		

◉ **( ) 안의 문장을 빈 칸에 써 볼까요?　(식물원 현장체험학습 날이에요)**

현장체험학습 낱말을 넣어 짧은 글짓기를 해볼까요? (예) 현장체험학습을 가려고 모자를 챙겼어요.

현장체험학습 :

계절

낱말 뜻을 이해하고 낱말의 쓰임을 완벽하게 익혀볼까요?

물놀이

(뜻) : 물가나 물속에서 하는 놀이.
(교과서 예문) 물놀이를 하기 전에 준비 운동을 해 볼까요?

⊙ **낱말을 따라 써 볼까요?**

물	놀	이	물	놀	이	물	놀	이	물	놀	이

⊙ ( ) 안의 문장을 빈 칸에 써 볼까요? **(물놀이는 항상 재미있어요)**

물놀이 낱말을 넣어 짧은 글짓기를 해볼까요? (예) 물놀이를 다녀와서 감기에 걸렸어요.

물놀이 :

감기

(뜻) : 기침 · 콧물 · 재채기 · 오한 · 두통 등이 함께 생기는 전염하는 호흡기병.
(교과서 예문) 감기에 걸리면 우리 몸은 어떻게 될까요?

⊙ **낱말을 따라 써 볼까요?**

감	기	감	기	감	기	감	기	감	기

⊙ ( ) 안의 문장을 빈 칸에 써 볼까요? **(몸살감기는 정말 무서워요)**

감기 낱말을 넣어 짧은 글짓기를 해볼까요? (예) 기침감기에 걸려서 밤새 고생했어요.

감기 :

체온

(뜻) : 몸의 온도. 사람의 정상 체온은 대략 36~37°C이다.
(교과서 예문) 내복이나 얇은 옷을 여러 겹 입어 체온을 유지해요.

◉ 낱말을 따라 써 볼까요?

| 체 | 온 | | 체 | 온 | | 체 | 온 | | 체 | 온 | | 체 | 온 | |

◉ ( ) 안의 문장을 빈 칸에 써 볼까요? **(병원에 가서 체온을 쟀어요)**

| | | | | | | | | | | | | | | |

체온 낱말을 넣어 짧은 글짓기를 해볼까요? (예) 동생이 감기에 걸려서 체온이 높아요.

체온 :

동상

(뜻) : 추위로 살갗이 얼어서 상하는 일. / 다른 뜻 : 사람이나 동물의 형상으로 만든 기념물
(교과서 예문) 동상을 예방하려면

◉ 낱말을 따라 써 볼까요?

| 동 | 상 | | 동 | 상 | | 동 | 상 | | 동 | 상 | | 동 | 상 | |

◉ ( ) 안의 문장을 빈 칸에 써 볼까요? **(썰매를 타다 동상에 걸렸어요)**

| | | | | | | | | | | | | | | |

동상 낱말을 넣어 짧은 글짓기를 해볼까요? (예) 양말을 두껍게 신으면 동상 걱정은 없어요.

동상 :

화상

(뜻) : 불이나 뜨거운 열에 데어서 상함. 또는 그 상처.
(교과서 예문) 전기장판을 너무 높은 온도로 켜 놓으면 화상을 입을 수 있어요.

◉ 낱말을 따라 써 볼까요?

| 화 | 상 | | 화 | 상 | | 화 | 상 | | 화 | 상 | | 화 | 상 | |

◉ ( ) 안의 문장을 빈 칸에 써 볼까요? **(끓는 물에 화상을 입었어요)**

| | | | | | | | | | | | | | | |

화상 낱말을 넣어 짧은 글짓기를 해볼까요? (예) 뜨거운 난로에 화상을 입어서 병원에 갔어요.

화상 :

더 해보아요

앞에서 공부한 낱말들을 떠올리며 문제를 풀어 볼까요?

1) 뜻에 맞는 낱말을 (보기)에서 찾아 (　　)에 써 볼까요?

> 보기 :　사계절　현장체험학습　경중경중　나들이　일기 예보

(1)봄 · 여름 · 가을 · 겨울의 네 계절. (　　　　　)

(2)날씨를 미리 알리는 일. (　　　　　)

(3)위로 자꾸 솟구쳐 뛰는 모양을 나타내는 말. (　　　　　)

(4)학습에 필요한 자료가 있는 현장에 직접 찾아가 겪으면서 배우는 일. (　　　　　)

(5)잠깐 집을 떠나 다른 곳에 갔다 오는 일. (　　　　　)

2) 문장에 어울리는 낱말을 (　　) 안에서 골라 O표 해 볼까요?

(1)우리 가족은 계곡으로 (나들이 / 숨바꼭질) 갈 날짜를 정하기로 했어요.

(2)계곡의 찬물에서 너무 놀아서 (두통 / 감기)에 걸렸어요.

(3)물에서 오래 놀았더니 (체온 / 기온)이 내려가 추웠어요.

(4)맨발로 눈싸움하고 놀아서 발에 (화상 / 동상)을 입었어요.

(5)실수로 뜨거운 물에 손을 넣어서 (화상 / 동상)을 입었어요.

3) 뜻에 어울리는 낱말을 찾아 선을 긋고 (　　　)에 번호를 써 볼까요?.

(1) 추위로 살갗이 얼어서 상하는 일. (　　) · · ①감기

(2) 기침 · 콧물 · 재채기 · 오한 · 두통 등이 함께 생기는 전염하는 호흡기병. (　　) · · ②화상

(3) 불이나 뜨거운 열에 대어서 상함. 또는 그 상처. (　　) · · ③동상

4) 뜻에 알맞은 낱말이 되도록 (보기)에서 글자를 찾아 써 볼까요?

보기 : 화   동   경중   계   나

(1) 봄 · 여름 · 가을 · 겨울의 네 계절. = 사 ☐ 절
(2) 잠깐 집을 떠나 다른 곳에 갔다 오는 일. = ☐ 들 이
(3) 위로 자꾸 솟구쳐 뛰는 모양을 나타내는 말. = ☐ ☐ 경 중
(4) 추위로 살갗이 얼어서 상하는 일. = ☐ 상
(5) 불이나 뜨거운 열에 데어서 상함. = ☐ 상

5) 문장에 어울리는 낱말을 찾아 선을 긋고 (   )에 써 볼까요?

(1)강아지가 반가워서 (   ) 뛰었어요.   ·   ·①나들이
(2)주말에 수목원으로 (   )를 가기로 했어요.   ·   ·②경중경중
(3)소나무는 (   ) 내내 푸르러요.   ·   ·③사계절
(4)여름에는 바다에 가서 실컷 (   )를 하고 싶어요. ·   ·④물놀이

*앞에서 배운 낱말 중에 잘 알고 있는 것에 O표를 할까요?

(   )사계절 (   )나들이 (   )일기 예보 (   )경중경중 (   )현장체험학습
(   )물놀이 (   )감기 (   )체온 (   )동상 (   )화상

*오늘 있었던 일 중에서 낱말 두 가지를 정하여 짧은 글짓기를 해볼까요?
(예) 정글짐 : 정글짐에 올라가서 하늘을 보았어요. 내가 새가 되는 기분이었어요.

(1)

(2)

앞에서 배운 단어를 떠올리며 맞는 낱말에 O표 하고 문장을 따라 써 볼까요?

1) 엄마가 만든 떡볶이가 (메콤 / 매콤)했지만 맛있었어요.

2) 우리 강아지는 항상 (지혜롭다 / 지해롭다)는 생각이 들어요.

3) 큰 개가 (이를 / 이빨을) 드러내며 으르렁거렸어요.

4) 나는 (수자 / 숫자) 공부가 재미없어요.

5) 오늘 수학 시간에 (곱샘구구 / 곱셈구구)를 배웠어요.

6) 동생을 위해 한글 (배열표 / 베열표)를 만들어 벽에 붙였어요.

7) 아빠 말씀을 (귀다마듣고 / 귀담아듣고) 실천했어요.

8) 새로운 친구와 (사기면 / 사귀면) 좋을 것 같아요.

9) 아기 발가락을 간지럽혔더니 꼼지락 (반웅 / 반응)했어요.

10) 우리나라는 (사계절 / 사개절)이 또렷해요.

11) 오늘 (일기 예보 / 일기 애보)는 흐림이에요.

12) 물 속에서 놀았더니 (채온/ 체온)이 많이 내려갔어요.

〈어린왕자와 사막여우를 만나러 가요〉
공부한 낱말이 들어간 동화를 읽으며 내용에 맞는 낱말에 O표 해 볼까요?

"오늘은 오랜만에 1)(나들이 / 나드리) 갈까? 계곡 어때?"

어린왕자는 2)(입빨 / 이빨)이 아파 고생한 사막여우 기분을 풀어주고 싶었어요.

어린왕자 말에 사막여우는 기뻐하며 벌떡 일어났어요.

"좋아! 물장난치면서 재미있게 놀면 이빨 3)(치료 / 치로)가 다 될 거야."

"오늘 4)(일기 예보 / 일기 애보)는 맑음이야. 아침에 안개가 짙은 날은 대체로 날씨가 맑거든."

"얼른 가자. 그동안 집에만 있었더니 5)(답답하고 / 답땁하고) 힘들었어."

어린왕자와 사막여우는 재빨리 집을 나섰어요. 날씨가 덥기도 했고, 빨리 계곡에 가서 시원하게 물놀이를 하며 놀고 싶었으니까요.

"와, 오늘 날씨 진짜 덥다. 벌써 이마에 땀이 6)(송골송골 / 송굴송굴) 맺혔어."

"나는 온몸이 물주머니 같아. 땀이 퐁퐁 샘솟는 것처럼 쏟아져."

드디어 계곡에 도착했어요. 어린왕자와 사막여우는 7)(신나개 / 신나게) 물속으로 뛰어들었어요.

"나는 8)(사계절 / 사개절) 중에서 여름이 제일 좋아. 물놀이를 맘껏 할 수 있잖아. 아마 모든 여우들은 나처럼 여름이 제일 좋을걸."

어린왕자와 사막여우는 물장난을 치며 놀았어요.

"우리 물속에서 오래 숨 참기 경기하자. 나 먼저 할게. 네가 9)(숫자 / 수자)를 세."

사막여우는 그렇게 말하고 물속에 머리를 담갔어요.

"이삼은 육, 이사 팔, 이오 십!"

어린왕자가 구구단을 외우자 사막여우가 고개를 들고 따졌어요.

"왜 10)(곱셈구구 / 곱샘구구)로 해? 그냥 하나 둘 셋 넷, 이런 식으로 하라고!"

"내 맘이야. 너도 나처럼 하면 되잖아. 너는 이오 십밖에 못 참았어. 이젠 내 차례야. 시작!"

어린왕자는 재빨리 물속에 머리를 담갔어요. ㉠하지만 사막여우는 화가 잔뜩 나 있었어요.

"뭐든 제멋대로야! 잡히기만 하면 가만두지 않겠어!"

사막여우는 어린왕자한테 화를 내며 쫓아갔어요.

어린왕자는 11)(경중경중 / 경종경종) 뛰며 달아났고요. 물속의 물고기들도 이리저리 달아나느라 정신이 없어요.

순식간에 계곡은 12)(난장판 / 난장반)이 되었어요.

"이젠 그만 놀자. 햇살에 네 얼굴이 13)(화상 / 하상)을 입은 것 같아."

어린왕자는 빨개진 사막여우 얼굴을 걱정했어요.

"너무 놀았더니 배가 고파. 14)(매콤 / 메콤)한 음식이 먹고 싶어졌어."

둘은 조금 전에 다투었다는 사실도 까맣게 잊었어요.

어린왕자가 사막여우 얼굴을 수건으로 닦아주었어요. 사막여우는 어린왕자의 얼굴을 닦아주었고요.

"어린왕자야 고마워. 오늘 추억은 오랫동안 못 잊을 거야."

사막여우는 진심으로 말했어요.

"네가 떠난 뒤에 시원한 물만 봐도 오늘 물놀이가 떠오를 것 같아."

사막여우는 감격스러운 표정으로 15)(부드럽게 / 부드럽개) 말했어요.

어린왕자는 아무 16) (반흥 / 반응)도 못했어요. ㉡'사막여우는 내가 떠난 뒤에 많이 외로워하겠구나.' 그런 생각을 했거든요. 그런 생각이 드니까 ㉢어린왕자는 사막여우한테 많이 미안했어요. 사막여우가 다시 말했어요.

"오늘도 즐거웠지만 좀 더 신나는 일이 뭐 없을까?"

어린왕자는 사막여우의 말을 17)(귀담아 / 귀다마)들었어요. 그리고 소리쳤어요.

㉣"좋아! 오늘보다 더 신나는 일이 분명히 있을 거야. 기대해도 돼!"

어린왕자는 자신있게 대답했어요.

"그게 뭔데? 나한테 살짝 말해주면 안 돼?"

사막여우가 졸랐어요.

(나도 작가) 여러분이 그다음 이야기를 지어 볼까요?

어린왕자 :

____

사막여우 :

<h1>〈독해 실력이 쑥쑥쑥〉</h1>

◉어린왕자와 사막여우 동화로 독해 실력을 높여 볼까요?

1) 어린왕자는 왜 사막여우와 나들이 갈 생각을 했나요? (　　)
 1)사막여우가 이빨이 아파 많이 고생해서
 2)날씨가 너무 더워서
 3)사막여우가 나들이 가자고 졸라서
 4)날씨가 좋아서

2) 이 내용과 관계있는 이야기를 모두 골라 볼까요? (　　　)
 (1)계곡으로 놀러 간 어린왕자와 사막여우
 (2)구구단 대신 숫자를 센 어린왕자
 (3)이빨이 많이 아파서 치과에 가야 하는 사막여우
 (4)어린왕자와 사막여우 때문에 난장판이 된 계곡

3) ㉠에서 사막여우는 왜 화가 났나요? (　　)
 (1)어린왕자가 사막여우에게 물을 뿌려서
 (2)어린왕자가 숫자 세기 대신 구구단을 외워서
 (3)어린왕자가 사막여우보다 숨을 더 오래 참아서
 (4)더 놀고 싶은데 어린왕자가 그만 놀자고 해서

4) 계곡은 왜 난장판이 되었나요? (　　)
 (1)어린왕자와 사막여우가 마구 물속을 뛰어다녀서
 (2)사막여우의 이빨이 다시 아파서
 (3)해가 너무 쨍쨍 내리쬐어서
 (4)사막여우가 돌아가지 않겠다고 떼를 써서

5 ㉡에서 어린왕자는 왜 사막여우에게 미안했나요? (　　)
 (1)숫자 세기 대신 구구단을 외워서
 (2)사막여우가 오래 숨 참는 걸 못 하게 방해해서
 (3)자신이 떠나고 나면 사막여우가 많이 외로워할 것 같아서
 (4)좋은 추억을 만들어 주지 못해서

(해답) 1)(1) / 2)(1),(4) / 3)(2) / 4)(1) / 5)(3)

〈문해 실력이 쑥쑥쑥〉 

⊙어린왕자와 사막여우 동화로 문해 실력을 높여 볼까요?

1) 이 글의 중심 내용은 무엇인가요? (   )
 (1)계곡에 놀러 간 어린왕자와 사막여우
 (2)이빨이 아파서 고생하고 있는 사막여우
 (3)어린왕자한테 화가 몹시 난 사막여우
 (4)추억은 중요하지 않다고 생각하는 어린왕자와 사막여우

2) ㉡에 대해 바르게 말한 친구는 누구일까요? (   )
 (1)수아 : "어린왕자가 소리내어 한 말이야."
 (2)민호 : "어린왕자가 마음속으로 한 말이야."
 (3)온수 : "사막여우가 마음속으로 한 말이야."

3) ㉢을 통해 짐작할 수 있는 어린왕자의 마음은 어떠한가요? (   )
 (1)슬픈 마음
 (2)섭섭한 마음
 (3)미운 마음
 (4)설레는 마음

4) 잠깐 다투었던 어린왕자와 사막여우는 수건으로 서로의 얼굴을 닦아주며 화해해요. 이 행동에서 우리가 배울 점은 무엇인가요? (   )
 (1)잠깐 화해했어도 기회가 되면 다시 싸운다.
 (2)친구와 다퉜어도 먼저 사과하고 화해하는 것이 중요하다.
 (3)친구가 아플 때만 도와주면 된다.
 (4)내 기분대로 행동하는 것이 중요하다.

5) 어린왕자와 사막여우가 추억을 많이 쌓는다면 무엇이 좋을까요? (   )
 (1)친구가 없어도 심심하지 않다.
 (2)헤어진 뒤에도 추억을 떠올리면 행복할 것 같다.
 (3)다른 친구하고는 추억을 쌓을 필요가 없을 것 같다.
 (4)추억 때문에 헤어질 때 별로 안 슬플 것 같다.

(해답) 1)(1) / 2)(2) / 3)(4) / 4)(2) / 5)(2)

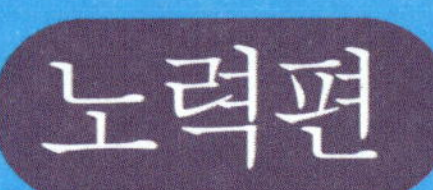

글을 읽고 어떤 속담이 맞는지 보기에서 골라 (　　) 안에 써 볼까요?

보기

- **거미도 줄을 쳐야 벌레를 잡는다.**(성공이나 목표 달성을 위해서는 준비하고 노력하는 과정이 필요하다는 뜻)
- **가르침은 배움의 반이다.**(남을 가르치는 일이 결국 자신의 실력을 높이는 데 큰 도움이 된다는 뜻)
- **구슬이 서 말이라도 꿰어야 보배.**(좋은 재료나 재능이 있어도 그것을 완성하기 위한 노력과 실천이 중요하다는 뜻)
- **개구리도 움츠려야 뛴다.**(멀리 뛰기 위해서는 준비와 노력이 필요하다는 뜻)
- **공든 탑이 무너지랴.**(정성껏 쌓은 탑은 쉽게 무너지지 않듯, 정성과 노력을 다하면 반드시 좋은 결과를 얻게 된다는 뜻)

1) 　　　　　　　　　　　　　　　　　　　　

2) 　　　　　　　　　　　　　　　　　　　　

작은 거미 '실타래'는 거미줄을 몇 가닥만 쳐놓고 벌레를
기다렸어요. "난 운이 좋으니까 금방 먹이를 잡을 거야." 하면서 게으름을
피웠죠. 그러다 '명주' 할머니가 거미줄을 촘촘하게 엮는 것을 보고 "그렇게 열심히
하면 피곤하지 않으세요?" 하고 물었어요.
"거미줄 치는 노력도 없이 먹이를 구할 수는 없어. 이 줄 하나하나가 내 땀이고 결과란다."
실타래는 운만 바랐던 자신이 부끄러워 얼른 엉성한 거미줄부터 걷어냈어요. 그리고
할머니처럼 정성을 다해 튼튼한 거미줄을 만들기 시작했어요. 며칠 후, 실타래의
거미줄에도 큰 먹이가 걸려들었어요. 실타래는 비로소 스스로의 노력으로 얻은
달콤한 먹이를 맛볼 수 있었어요.

3)

펭귄 '뚜벅이'는 참 부지런해요. 모두 잠든 밤에도 혼자
돌멩이를 주워다 성을 쌓았어요. 머잖아 눈보라가 몰아칠 것 같았거든요.
"성을 쌓는다고? 너는 쓸모도 없는 공든 탑을 쌓고 있어. 눈보라 따위는 절대 없어!"
다른 펭귄들이 놀렸지만 뚜벅이는 쉬지 않고 성을 쌓았어요. 어느 날이었어요. 엄청나게
강한 눈보라가 몰아쳤어요. 얼음 위에 대충 지은 다른 펭귄들의 집은 모조리 부서졌어요.
뚜벅이가 튼튼하게 쌓은 성만 무사했어요. 펭귄들은 허둥지둥 성안으로 피했어요.
며칠 동안 눈보라가 몰아쳤지만 성은 끄떡없었어요. 펭귄들은 뚜벅이가 고마웠어요.
"뚜벅이 네가 공든 탑 쌓듯 만든 이 성 덕분에 모두 살았어!"

4)

'바늘꽃'이라 불리는 토끼 재봉사의 작업실에는
아름다운 구슬이 서 말이나 있었어요. 하지만 바늘꽃은 구슬만 보면
"서 말이나 되는 구슬을 언제 다 꿰어? 귀찮으니까 다음에 하지 뭐." 하고 말했어요.
어느 날 잔치가 열렸어요. 다른 재봉사들은 별 볼 일 없는 재료로 멋진 장식을 만들어
잔치를 아름답게 꾸몄어요. 바늘꽃은 서 말이나 되는 구슬을 손도 대지 않았고요.
멋진 장식을 만들어 낸 재봉사들 솜씨를 보고 바늘꽃은 크게 깨달았어요.
"아름다운 구슬이 아무리 많아도 꿰지 않으면 그냥 하찮은 구슬에 불과해……."
그날부터 바늘꽃은 구슬을 꿰기 시작했고, 마침내 서 말의 구슬은 세상에서
가장 아름다운 보배로 탄생했어요.

5)

교과서 어휘력이 문해력의 시작이다!

- 한글의 어휘력 · 독해력 · 문해력을 그만 무시!
- 어휘력 · 독해력 · 문해력 실력은 모든 학업의 기본!
- 어휘력 · 독해력 · 문해력을 해결하려면 낱말 반복 복습부터 시작!
- 초등학교 교과서의 어휘력 · 독해력 · 문해력 해결은 명문대 입학의 지름길!

1회
국어 교과서 어휘

사물 / 파악하다 / 둘러보다 / 진심 /
질기다 / 밑줄 / 대상 / 기르다 /
이용하다 / 흐물흐물

공부한 날 ( )월 ( )일

2회
수학 교과서 어휘

1미터 / 줄자 / 곧은자 / 길이의 합 / 길이의 차 /
시간 / 오전 / 오후 / 달력 / 날수

공부한 날 ( )월 ( )일

3회

국어 교과서 어휘

담다 / 나타내다 / 도움 / 감탄 / 윗사람 /
올림 / 힘들다 / 실감 / 창피하다 / 합치다

공부한 날 (　　)월 (　　)일

4회

인물 교과서 어휘

게시판 / 위인 / 고민 / 도담도담 / 과거 /
현재 / 미래 / 침착하다 / 밀다 / 당기다

공부한 날 (　　)월 (　　)일

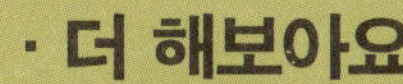

· 더 해보아요
· 받아쓰기를 해보아요
· 어린왕자와 사막여우를 만나러 가요
· 독해력이 쑥쑥쑥
· 문해력이 쑥쑥쑥
· 속담 실력이 쑥쑥쑥

3. 내용을 살펴요

낱말 뜻을 이해하고 낱말의 쓰임을 완벽하게 익혀볼까요?

사물

(뜻) : 세상의 온갖 물건.
(교과서 예문) 주변의 사물을 설명하는 글쓰기

◉ **낱말을 따라 써 볼까요?**

| 사 | 물 | | 사 | 물 | | 사 | 물 | | 사 | 물 | | 사 | 물 | |

◉ **( ) 안의 문장을 빈 칸에 써 볼까요? (책상의 사물 정리는 힘들어요)**

| | | | | | | | | | | | |

사물 낱말을 넣어 짧은 글짓기를 해 볼까요? (예) 내 방에 있는 사물들 이름을 자세히 적어보았어요.

사물 :

둘러보다

(뜻) : 무엇을 두루 살펴보다.
(교과서 예문) 주변을 둘러보고 한 가지 물건을 정해 친구들에게 설명해 봅시다.

◉ **낱말을 따라 써 볼까요?**

| 둘 | 러 | 보 | 다 | | 둘 | 러 | 보 | 다 | | 둘 | 러 | 보 | 다 |

◉ **( ) 안의 문장을 빈 칸에 써 볼까요? (우리 마을을 빙 둘러보았어요)**

| | | | | | | | | | | | |

둘러보다 낱말을 넣어 짧은 글짓기를 해볼까요? (예) 우리 가족은 민속 마을을 한바퀴 둘러보았어요.

둘러보다 :

파악하다

(뜻) : 어떤 대상의 내용이나 본질을 확실하게 이해하여 알다.
(교과서 예문) 글을 읽고 중심 내용 파악하는 방법 알기

◉ 낱말을 따라 써 볼까요?

| 파 | 악 | 하 | 다 | | 파 | 악 | 하 | 다 | | 파 | 악 | 하 | 다 |

◉ ( ) 안의 문장을 빈 칸에 써 볼까요? **(글의 중심 내용을 파악했어요)**

| | | | | | | | | | | |

파악하다 낱말을 넣어 짧은 글짓기를 해볼까요? (예) 내 흉을 보고 다닌 친구의 진심을 파악했어요.

파악하다 :

진심

(뜻) : 거짓이 없는 참된 마음.
(교과서 예문) 『진심으로 사과하는 방법을 알아 둬』에서 중심 내용을 살펴 봅시다.

◉ 낱말을 따라 써 볼까요?

| 진 | 심 | | 진 | 심 | | 진 | 심 | | 진 | 심 | | 진 | 심 |

◉ ( ) 안의 문장을 빈 칸에 써 볼까요? **(친구가 진심으로 사과했어요)**

| | | | | | | | | | | |

진심 낱말을 넣어 짧은 글짓기를 해볼까요? (예) 그 애는 잘못했으면서도 진심으로 사과할 줄을 몰라요.

진심 :

질기다

(뜻) : 쉽게 닳거나 끊어지지 않고 견디는 힘이 세다.
(교과서 예문) 먼저 갈대나 수수 줄기를 소금물에 삶는데, 이렇게 하면 줄기가 질겨져.

◉ 낱말을 따라 써 볼까요?

| 질 | 기 | 다 | | 질 | 기 | 다 | | 질 | 기 | 다 | | 질 | 기 | 다 |

◉ ( ) 안의 문장을 빈 칸에 써 볼까요? **(소고기가 질겨서 못 씹겠어요)**

| | | | | | | | | | | |

질기다 낱말을 넣어 짧은 글짓기를 해볼까요? (예) 그 옷은 아주 질겨서 몇 년을 입었는데도 멀쩡해요.

질기다 :

3. 내용을 살펴요

낱말 뜻을 이해하고 낱말의 쓰임을 완벽하게 익혀볼까요?

밑줄

(뜻) : 가로로 쓰인 글 아래에 그 글을 돋보이게 하도록 그은 줄. / (교과서 예문) 글을 다시 읽으며 중요한 내용이라고 생각하는 문장에 밑줄을 그어 보세요.

◉ 낱말을 따라 써 볼까요?

| 밑 | 줄 | | 밑 | 줄 | | 밑 | 줄 | | 밑 | 줄 | | 밑 | 줄 | |

◉ ( ) 안의 문장을 빈 칸에 써 볼까요? **(밑줄을 그으며 문제를 읽어요)**

밑줄 낱말을 넣어 짧은 글짓기를 해 볼까요? (예) 형은 공부할 때 중요한 문제는 밑줄을 그어요.

밑줄 :

대상

(뜻) : 무엇의 상대나 목표가 되는 것.
(교과서 예문) 글에서 설명하는 물건이나 사람 따위를 가리켜 대상이라고 해요.

◉ 낱말을 따라 써 볼까요?

| 대 | 상 | | 대 | 상 | | 대 | 상 | | 대 | 상 | | 대 | 상 |

◉ ( ) 안의 문장을 빈 칸에 써 볼까요? **(먼저 설명할 대상을 찾았어요)**

대상 낱말을 넣어 짧은 글짓기를 해볼까요? (예) 강아지는 나를 친구 같은 대상이라고 여겨요.

대상 :

기르다

(뜻) : 동식물을 보살펴 자라게 하다.
(교과서 예문) 나는 물고기를 좋아해. 그래서 집에서 물고기를 기르고 있어.

◉ 낱말을 따라 써 볼까요?

기	르	다		기	르	다		기	르	다		기	르	다

◉ (　　) 안의 문장을 빈 칸에 써 볼까요?　**(고양이를 기르기로 했어요)**

기르다 낱말을 넣어 짧은 글짓기를 해볼까요? (예) 나는 고양이보다는 강아지를 기르고 싶어요.

기르다 :

이용하다

(뜻) : 대상을 필요에 맞게 이롭게 쓰다.
(교과서 예문) 고쳐 쓴 글을 이용해 수수께끼를 해 봅시다.

◉ 낱말을 따라 써 볼까요?

이	용	하	다		이	용	하	다		이	용	하	다

◉ (　　) 안의 문장을 빈 칸에 써 볼까요?　**(아빠는 주로 버스를 이용해요)**

이용하다 낱말을 넣어 짧은 글짓기를 해볼까요? (예) 놀이동산에 갈 때는 지하철을 이용하는 편이죠.

이용하다 :

흐물흐물

(뜻) : 단단하던 것이 녹거나 상해서 뭉그러진 모양을 나타낸 말.
(교과서 예문) 우리도 흐물흐물 녹을 것 같아요.

◉ 낱말을 따라 써 볼까요?

흐	물	흐	물		흐	물	흐	물		흐	물	흐	물

◉ (　　) 안의 문장을 빈 칸에 써 볼까요?　**(오징어가 상해서 흐물흐물해요)**

흐물흐물 낱말을 넣어 짧은 글짓기를 해볼까요? (예) 바나나 껍질이 흐물흐물 벗겨졌어요.

흐물흐물 :

더 해보아요

앞에서 공부한 낱말들을 떠올리며 문제를 풀어 볼까요?

1) 뜻에 알맞은 낱말을 (보기)에서 찾아 써 볼까요?

보기 :　　이용하다　　질기다　　기르다　　둘러보다　　파악하다

(1) ________　　무엇을 두루 살펴보다.

(2) ________　　어떤 대상의 내용이나 본질을 확실하게 이해하여 알다.

(3) ________　　쉽게 닳거나 끊어지지 않고 견디는 힘이 세다.

(4) ________　　동식물을 보살펴 자라게 하다.

(5) ________　　대상을 필요에 맞게 이롭게 쓰다.

2) 빈칸에 들어갈 알맞은 글자를 모두 골라 O표 해 볼까요?

(1) 책상 위에 놓인 ☐☐ 종류가 열 가지도 넘어요. ＝ 물　날　짐　사　화

(2) 거짓말을 한 친구의 ☐☐을 정말 모르겠어요. ＝ 진　살　상　심　입

(3) 형은 공부를 하면서 중요한 내용은 항상 ☐☐을 그어요. ＝ 기　영　밑　줄　계

(4) 강아지는 자신이 좋아할 ☐☐을 미리 정해놓는 것 같아요. ＝ 덩　기　므　대　상

(5) 날씨가 더워서 아이스크림이 ☐☐☐☐ 녹아내려요. ＝ 흐　물　흐　팜　물

3) 뜻에 알맞은 낱말이 되도록 (보기)에서 글자를 찾아 써 볼까요?

보기 :   흐물   사   진

(1) 세상의 온갖 물건. = ☐ 물

(2) 거짓이 없는 참된 마음. = ☐ 심

(3) 단단하던 것이 녹거나 상해서 뭉그러진 모양을 나타낸 말. = 흐 물 ☐ ☐

4) 밑줄 친 낱말과 뜻이 비슷한 말은 무엇일까요? (   )

이용한 물건은 제 자리에 꽂아주세요.

(1)사용한   (2)버리는   (3)놓친   (4)남기는

5) 문장에 어울리는 낱말을 (   ) 안에서 골라 O표 해 볼까요?

(1)강아지 한 마리를 데려와 (기르기로 / 버리기)로 했어요.

(2)내가 힘든 엄마를 돕겠다고 한 것은 (거짓 / 진심)에서 나온 말이었어요.

(3)운동화가 어찌나 (약하던지 / 질기던지) 일 년은 더 신을 것 같아요.

(4)아빠는 출퇴근할 때 지하철을 주로 (전달 / 이용)하는 편이에요.

(5)공부할 때 중요한 내용은 (밑줄 / 윗줄)을 그어요.

*앞에서 배운 낱말 중에 잘 알고 있는 것에 O표를 할까요?

( )사물 ( )파악하다 ( )둘러보다 ( )진심 ( )질기다 ( )밑줄
( )대상 ( )기르다 ( )이용하다 ( )흐물흐물

*오늘 있었던 일 중에서 낱말 두 가지를 정하여 짧은 글짓기를 해볼까요?

(예) 거짓말 : 엄마한테 학원에 다녀왔다고 거짓말했어요. 마음이 조마조마해요.

(1)

(2)

3. 길이 재기

낱말 뜻을 이해하고 낱말의 쓰임을 완벽하게 익혀볼까요?

교과서 어휘
수록 교과서 수학 2-2

1미터

(뜻) : 길이의 단위. 100cm는 1m와 같다. 1미터라고 읽는다.
(교과서 예문) 1m 20cm를 1미터 20센티미터라고 읽습니다.

◉ **낱말을 따라 써 볼까요?**

1	미	터		1	미	터		1	미	터		1	미	터

◉ **(　　) 안의 문장을 빈 칸에 써 볼까요?　(책상 넓이가 1미터예요)**

1미터 낱말을 넣어 짧은 글짓기를 해 볼까요? (예) 침대 넓이가 1미터 80센티미터 정도예요.

1미터 :

줄자

(뜻) : 헝겊이나 비닐, 강철 등으로 띠처럼 만든 얇은 자. / (교과서 예문) 줄자로 길이를 재는 방법을 알아보고 책상의 길이를 나타내 봅시다.

◉ **낱말을 따라 써 볼까요?**

줄	자		줄	자		줄	자		줄	자		줄	자

◉ **(　　) 안의 문장을 빈 칸에 써 볼까요?　(색 테이프로 줄자를 만들어요)**

줄자 낱말을 넣어 짧은 글짓기를 해볼까요? (예) 줄자로 책상 넓이를 재보았어요.

줄자 :

곧은자 (뜻) : 평면 위에 직선을 긋는 데 쓰는 자. / (교과서 예문) 줄자와 곧은자로 각각 어떤 물건의 길이를 잴 수 있는지 이야기해 봅시다.

◉ 낱말을 따라 써 볼까요?

|곧|은|자| |곧|은|자| |곧|은|자| |곧|은|자|

◉ (   ) 안의 문장을 빈 칸에 써 볼까요?   **(곧은자를 이용해 길이를 재요)**

| | | | | | | | | | | | | | |

곧은자 낱말을 넣어 짧은 글짓기를 해볼까요? (예) 곧은자로 길이를 재면 구부러지거나 비뚤어지지 않아요.

곧은자 :

길이의 합 (뜻) : 둘 이상의 길이를 더한 값.
(교과서 예문) 길이의 합을 구해 볼까요?

◉ 낱말을 따라 써 볼까요?

|길|이|의| |합| |길|이|의| |합| | |

◉ (   ) 안의 문장을 빈 칸에 써 볼까요?   **(길이의 합을 구하는 문제예요)**

| | | | | | | | | | | | | | |

길이의 합 낱말을 넣어 짧은 글짓기를 해볼까요? (예) 책상과 의자의 길이의 합은 150cm예요.

길이의 합 :

길이의 차 (뜻) : 긴 길이에서 짧은 길이를 뺀 나머지 값.
(교과서 예문) 길이의 차를 구해 볼까요?

◉ 낱말을 따라 써 볼까요?

|길|이|의| |차| |길|이|의| |차| | |

◉ (   ) 안의 문장을 빈 칸에 써 볼까요?   **(길이의 차에 대해 배웠어요)**

| | | | | | | | | | | | | | |

길이의 차 낱말을 넣어 짧은 글짓기를 해볼까요? (예) 형 키와 내 키의 길이의 차는 15cm 정도예요.

길이의 차 :

4. 시각과 시간

낱말 뜻을 이해하고 낱말의 쓰임을 완벽하게 익혀볼까요?

시간

(뜻) : 어떤 시각에서 다른 시각까지의 동안. 또는 그 길이.
(교과서 예문) 자전거를 타는 데 걸린 시간을 구해 봅시다.

◉ 낱말을 따라 써 볼까요?

시	간		시	간		시	간		시	간		시	간	

◉ (　) 안의 문장을 빈 칸에 써 볼까요?　**(두 시간 동안 낮잠을 잤어요)**

시간 낱말을 넣어 짧은 글짓기를 해 볼까요? (예) 아빠랑 자전거를 타고 두 시간 동안 공원을 달렸어요.

시간 :

오전

(뜻) : 밤 12시부터 낮 12시까지의 사이.
(교과서 예문) 전날 밤 12시부터 낮 12시까지를 오전이라고 합니다.

◉ 낱말을 따라 써 볼까요?

오	전		오	전		오	전		오	전		오	전	

◉ (　) 안의 문장을 빈 칸에 써 볼까요?　**(엄마는 오전이 제일 바쁘대요)**

오전 낱말을 넣어 짧은 글짓기를 해볼까요? (예) 엄마가 오전에 대청소를 하자고 하셨어요.

오전 :

오후

(뜻) : 낮 12시부터 밤 12시까지의 사이.
(교과서 예문) 낮 12시부터 밤 12시까지를 오후라고 합니다.

◉ 낱말을 따라 써 볼까요?

| 오 | 후 | | 오 | 후 | | 오 | 후 | | 오 | 후 | | 오 | 후 | |

◉ (   ) 안의 문장을 빈 칸에 써 볼까요?   **(오후 내내 비가 쏟아졌어요)**

| | | | | | | | | | | | |

오후 낱말을 넣어 짧은 글짓기를 해볼까요? (예) 오후가 되면 햇볕이 더 뜨거워요.

오후 :

달력

(뜻) : 1년 가운데 달, 요일, 날, 행사일 따위의 사항을 날짜에 따라 적어 놓은 것.
(교과서 예문) 달력에서 볼 수 있는 것들을 이야기해 봅시다.

◉ 낱말을 따라 써 볼까요?

| 달 | 력 | | 달 | 력 | | 달 | 력 | | 달 | 력 | | 달 | 력 |

◉ (   ) 안의 문장을 빈 칸에 써 볼까요?   **(방마다 달력이 걸려 있어요)**

| | | | | | | | | | | | |

달력 낱말을 넣어 짧은 글짓기를 해볼까요? (예) 거실 달력에 내 생일을 크게 표시해 놓았어요.

달력 :

날수

(뜻) : 날의 수.
(교과서 예문) 날수가 31일인 월을 모두 찾아 달력에 O표 하세요.

◉ 낱말을 따라 써 볼까요?

| 날 | 수 | | 날 | 수 | | 날 | 수 | | 날 | 수 | | 날 | 수 |

◉ (   ) 안의 문장을 빈칸에 써 볼까요?   **(2월의 날수를 세어 보았어요)**

| | | | | | | | | | | | |

날수 낱말을 넣어 짧은 글짓기를 해볼까요? (예) 1년에 7개월은 날수가 31일이에요.

날수 :

더 해보아요

앞에서 공부한 낱말들을 떠올리며 문제를 풀어 볼까요?

1) 뜻에 어울리는 낱말을 (   ) 안에서 골라 O표 해 볼까요?

(1) 길이의 단위. 100cm는 1m와 같고, 1m는 (1미터 / 2미터)라고 읽어요.

(2) 어떤 시각에서 다른 시각까지의 동안. 또는 그 길이를 (시간 / 시각)이라고 해요.

(3) 밤 12시부터 낮 12시까지의 사이를 (오후 / 오전)이라고 해요.

(4) 낮 12시부터 밤 12시까지의 사이를 (오후 / 오전)라고 해요.

(5) 날의 수를 (날수 / 달수)라고 해요.

3) 뜻에 알맞은 낱말이 되도록 (보기)에서 글자를 찾아 써 볼까요?

보기 :   합   차   줄   곧은

(1) 헝겊이나 비닐, 강철 등으로 띠처럼 만든 얇은 자. = ☐ 자

(2) 평면 위에 직선을 긋는 데 쓰는 자. = ☐ ☐ 자

(3) 둘 이상의 길이를 더한 값. = 길 이 의 ☐

(4) 긴 길이에서 짧은 길이를 뺀 나머지 값. = 길 이 의 ☐

3) 밑줄 친 낱말을 알맞게 사용한 친구에게 O표 해 볼까요?

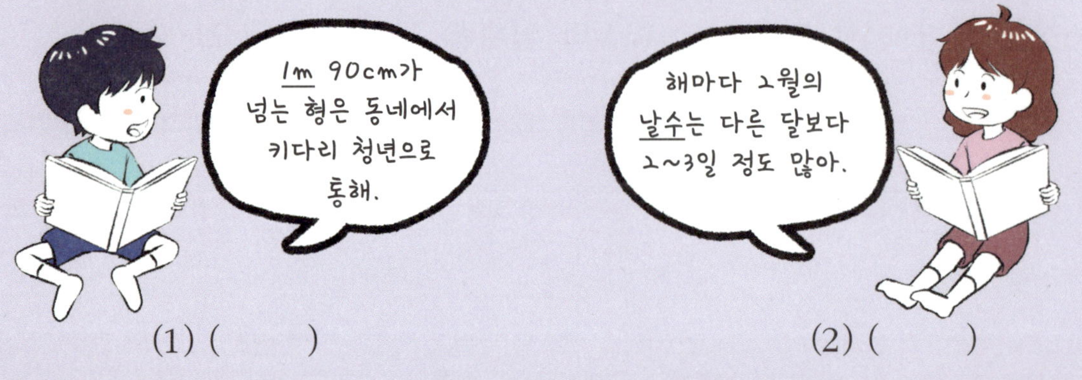

4) 낱말의 뜻을 (보기)에서 찾아 사다리를 타고 내려간 곳에 기호를 쓸까요?

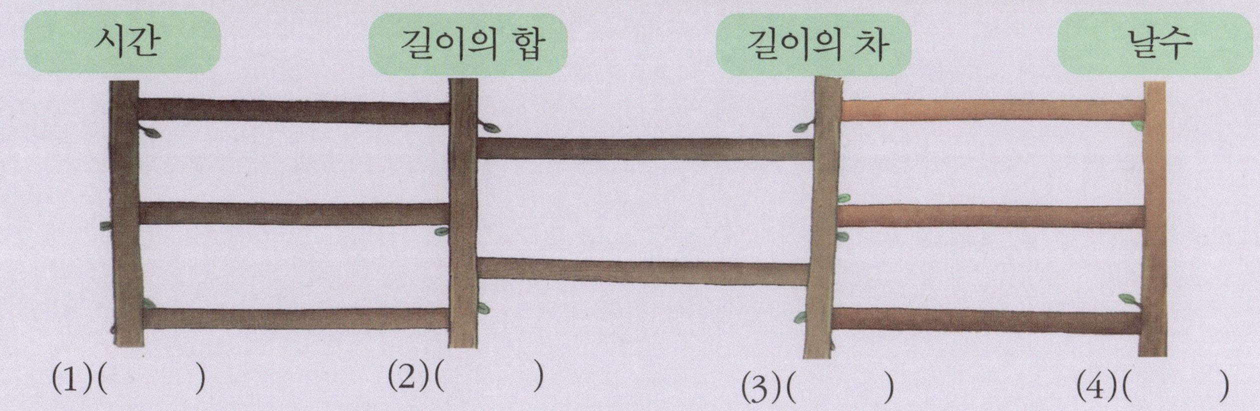

(1)(   )   (2)(   )   (3)(   )   (4)(   )

5) 문장에 어울리는 낱말을 (   ) 안에서 골라 O표 해 볼까요?

(1)

(2)

*앞에서 배운 낱말 중에 잘 알고 있는 것에 O표를 할까요?

(   )1미터 (   )줄자 (   )곧은자 (   )길이의 합 (   )길이의 차 (   )시간
(   )오전 (   )오후 (   )달력 (   )날수

*오늘 있었던 일 중에서 낱말 두 가지를 정하여 짧은 글짓기를 해볼까요?

(예) 방 정리 : 엄마한테 방 정리를 안 한다고 꾸중 들었어요.

(1)

(2)

4. 마음을 전해요

낱말 뜻을 이해하고 낱말의 쓰임을 완벽하게 익혀볼까요?

담다

(뜻) : 어떤 물건을 그릇 따위에 넣다. / 다른 뜻 : 생각을 글이나 그림, 표정 등으로 나타냄

(교과서 예문) 같은 문장 부호가 쓰인 문장끼리 보물 상자에 담아보세요.

◉ 낱말을 따라 써 볼까요?

담	다		담	다		담	다		담	다		담	다	

◉ (   ) 안의 문장을 빈 칸에 써 볼까요?   (생일 선물을 상자에 담았어요)

담다 낱말을 넣어 짧은 글짓기를 해 볼까요? (예) 엄마가 도시락 통에 밥과 반찬을 담았어요.

담다 :

나타내다

(뜻) : 겉으로 드러내다.

(교과서 예문) 기쁨, 슬픔, 놀람처럼 강한 느낌을 나타낸다.

◉ 낱말을 따라 써 볼까요?

나	타	내	다		나	타	내	다		나	타	내	다	

◉ (   ) 안의 문장을 빈 칸에 써 볼까요?   (기쁜 마음을 얼굴로 나타내요)

나타내다 낱말을 넣어 짧은 글짓기를 해볼까요? (예) 우리 강아지는 화난 기분을 나타낼 줄 알아요.

나타내다 :

도움

(뜻) : 어떤 일이 잘 되도록 거들거나 보탬을 주는 일. / (교과서 예문) 글을 읽을 때 문장 부호를 잘 살펴보면 문장의 뜻을 이해하는 데 도움이 돼요.

◉ 낱말을 따라 써 볼까요?

도	움		도	움		도	움		도	움		도	움

◉ (　　) 안의 문장을 빈 칸에 써 볼까요?　**(엄마 도움 없이 숙제를 해요)**

도움 낱말을 넣어 짧은 글짓기를 해볼까요? (예) 아빠는 다른 사람 도움 없이 대학을 졸업했대요.

도움 :

감탄

(뜻) : 훌륭하고 좋은 것에 대해 감동하고 칭찬하는 것.
(교과서 예문) 감탄하는 문장

◉ 낱말을 따라 써 볼까요?

감	탄		감	탄		감	탄		감	탄		감	탄

◉ (　　) 안의 문장을 빈 칸에 써 볼까요?　**(동생 재롱에 모두 감탄했어요)**

감탄 낱말을 넣어 짧은 글짓기를 해볼까요? (예) 아빠가 고쳐준 자전거를 보고 크게 감탄했어요.

감탄 :

윗사람

(뜻) : 나이나 지위 등이 자신보다 위이거나 높은 사람.
(교과서 예문) 받는 사람이 윗사람이면 쓴 사람에 '○○ 올림'이라고 써야 해요.

◉ 낱말을 따라 써 볼까요?

윗	사	람		윗	사	람		윗	사	람		윗	사	람

◉ (　　) 안의 문장을 빈 칸에 써 볼까요?　**(엄마는 삼촌보다 윗사람이에요)**

윗사람 낱말을 넣어 짧은 글짓기를 해볼까요? (예) 고모는 나보다 두 살이나 어리지만 윗사람이에요.

윗사람 :

4. 마음을 전해요

낱말 뜻을 이해하고 낱말의 쓰임을 완벽하게 익혀볼까요?

올림

(뜻) : 웃어른에게 편지를 쓸 때 쓴 사람의 이름 뒤에 붙이는 말.
(교과서 예문) 받는 사람이 윗사람이면 쓴 사람에 '○○ 올림'이라고 써야 해요.

◉ **낱말을 따라 써 볼까요?**

| 올 | 림 | | 올 | 림 | | 올 | 림 | | 올 | 림 | | 올 | 림 | |

◉ **( ) 안의 문장을 빈 칸에 써 볼까요? (편지에 예나 올림이라고 써요)**

| | | | | | | | | | | | |

올림 낱말을 넣어 짧은 글짓기를 해 볼까요? (예) 부모님께 쓴 편지 끝에 아들 올림이라고 썼어요.

올림 :

힘들다

(뜻) : 힘이 들어서 무슨 일을 하기가 쉽지 않다.
(교과서 예문) 민우가 가방을 들기 힘들었던 까닭은 무엇인가요?

◉ **낱말을 따라 써 볼까요?**

| 힘 | 들 | 다 | | 힘 | 들 | 다 | | 힘 | 들 | 다 | | 힘 | 들 | 다 |

◉ **( ) 안의 문장을 빈 칸에 써 볼까요? (동생 돌봐주기는 참 힘들어요)**

| | | | | | | | | | | | |

힘들다 낱말을 넣어 짧은 글짓기를 해볼까요? (예) 배낭을 짊어지고 산에 오르기는 정말 힘들어요.

힘들다 :

실감

(뜻) : 사실로 있는 일처럼 느껴지는 것.
(교과서 예문) 글쓴이의 마음이 드러나게 민우가 쓴 편지를 실감 나게 읽어 봅시다.

⊙ 낱말을 따라 써 볼까요?

| 실 | 감 | | 실 | 감 | | 실 | 감 | | 실 | 감 | | 실 | 감 | |

⊙ (　　) 안의 문장을 빈 칸에 써 볼까요?　**(그림을 실감 나게 그렸어요)**

| | | | | | | | | | | | | | | |

실감 낱말을 넣어 짧은 글짓기를 해볼까요? (예) 동생이 실감 나게 배우 흉내를 냈어요.

실감 :

창피하다

(뜻) : 체면이 깎이는 당황스러운 일을 당해서 부끄럽다.
(교과서 예문) 구두쇠 영감은 창피했을 것 같아.

⊙ 낱말을 따라 써 볼까요?

| 창 | 피 | 하 | 다 | | 창 | 피 | 하 | 다 | | 창 | 피 | 하 | 다 | |

⊙ (　　) 안의 문장을 빈 칸에 써 볼까요?　**(창피해서 얼굴이 빨개졌어요)**

| | | | | | | | | | | | | | | |

창피하다 낱말을 넣어 짧은 글짓기를 해볼까요? (예) 동생이 이불에 오줌을 싸고 창피했는지 울었어요.

창피하다 :

합치다

(뜻) : 여럿을 모아 하나가 되다.
(교과서 예문) 가족이 힘을 합쳐 청소를 했습니다.

⊙ 낱말을 따라 써 볼까요?

| 합 | 치 | 다 | | 합 | 치 | 다 | | 합 | 치 | 다 | | 합 | 치 | 다 |

⊙ (　　) 안의 문장을 빈 칸에 써 볼까요?　**(힘을 합치면 뭐든지 쉬워요)**

| | | | | | | | | | | | | | | |

합치다 낱말을 넣어 짧은 글짓기를 해볼까요? (예) 가족 모두 힘을 합쳐서 벽돌로 담벼락을 쌓았어요.

합치다 :

더 해보아요

앞에서 공부한 낱말들을 떠올리며 문제를 풀어 볼까요?

1) 뜻에 어울리는 낱말을 (   ) 안에서 골라 O표 해 볼까요?

(1) '담다'는 어떤 물건을 그릇 따위에 (덜다 / 넣다)라는 뜻이에요.

(2) '나타내다'는 겉으로 (드러내다 / 감추다)라는 뜻이에요.

(3) '힘들다'는 힘이 들어서 무슨 일을 하기가 (쉽다 / 어렵다)라는 뜻이에요.

(4) '창피하다'는 체면이 깎이는 일을 당해서 (당당하다 / 부끄럽다)라는 뜻이에요.

(5) '합치다'는 여럿을 모아 (하나 / 모두)가 된다는 뜻이에요.

2) 뜻에 알맞은 낱말이 되도록 (보기)에서 글자를 찾아 써 볼까요?

보기 : 윗   올   탄   도

(1) 어떤 일이 잘 되도록 거들거나 보탬을 주는 일. = ☐ 움

(2) 훌륭하고 좋은 것에 대해 감동하고 칭찬하는 것. = 감 ☐

(3) 나이나 지위 등이 자신보다 위이거나 높은 사람. = ☐ 사 람

(4) 웃어른에게 편지를 쓸 때 쓴 사람의 이름 뒤에 붙이는 말. = ☐ 림

3) 밑줄 친 낱말을 알맞게 사용한 친구에게 O표 해 볼까요?

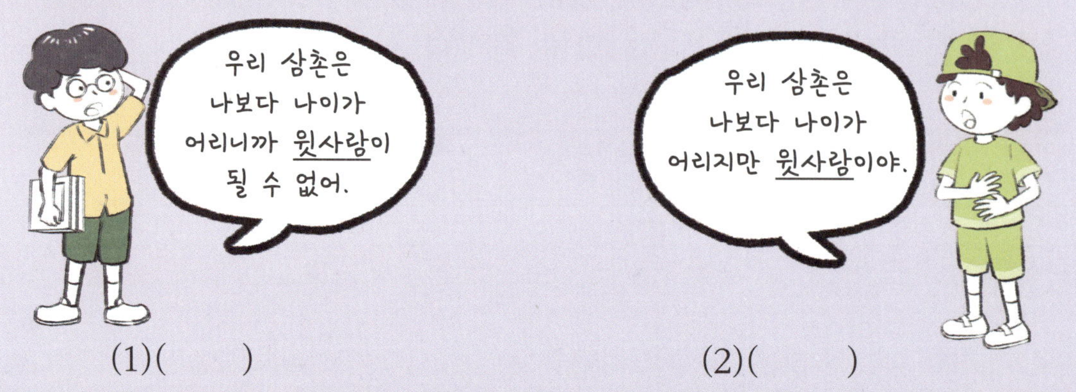

4) 문장에 들어갈 알맞은 낱말을 (보기)에서 찾아 (   )에 써 볼까요?

보기 :   실감   도움   윗사람   올림   감탄

(1)고양이가 쥐를 잡는 모습을 보고 (   )하면서도 조금 놀랐어요.

(2)할머니가 된장 항아리를 옮기면서 (   )을 요청했어요.

(3)나보다 나이가 어린 삼촌이 (   )이라고 해서 어리둥절했어요.

(4)스승의 날에 선생님께 감사 편지를 쓰면서 '창민 (   )'이라고 썼어요.

(5)삼촌이 군대에 간 사실이 (   ) 나지 않았어요.

5) 밑줄 친 낱말을 맞게 사용한 친구에게 O표 해 볼까요?

(1)(   )   (2)(   )   (3)(   )

*앞에서 배운 낱말 중에 잘 알고 있는 것에 O표를 할까요?

(   )담다 (   )나타내다 (   )도움 (   )감탄 (   )윗사람
(   )올림 (   )힘들다 (   )실감 (   )창피하다 (   )합치다

*오늘 있었던 일 중에서 낱말 두 가지를 정하여 짧은 글짓기를 해볼까요?

(예) 항아리 : 우리 집에는 항아리가 열 개도 넘어요. 할머니는 항아리를 많이 아껴요.

(1)

(2)

(해답) 1)(1)넣다 (2)드러내다 (3)어렵다 (4)부끄럽다 (5)하나 / 2)(1)도 (2)탄 (3)윗 (4)올 / 3)(2) / 4)(1)감탄 (2)도움 (3)윗사람 (4)올림 (5)실감 / 5)(1)

인물

낱말 뜻을 이해하고 낱말의 쓰임을 완벽하게 익혀볼까요?

교과서 어휘
수록 교과서 인물 2-2

게시판

(뜻) : 글, 그림, 사진 등이 잘 보이도록 벽에 붙이거나 바닥에 세운 판.
(교과서 예문) 인물 게시판을 만들어 볼까요?

◉ 낱말을 따라 써 볼까요?

게	시	판	게	시	판	게	시	판	게	시	판

◉ (　　) 안의 문장을 빈 칸에 써 볼까요?　(교실 게시판에 그림을 붙여요)

게시판 낱말을 넣어 짧은 글짓기를 해 볼까요? (예) 학교 게시판에 내가 그린 불조심 그림이 붙었어요.

게시판 :

위인

(뜻) : 역사적으로 훌륭한 일을 해낸 인물.
(교과서 예문) 도서관에 있는 책에서 위인을 찾아볼까요?

◉ 낱말을 따라 써 볼까요?

위	인	위	인	위	인	위	인	위	인

◉ (　　) 안의 문장을 빈 칸에 써 볼까요?　(나는 위인전 읽기를 좋아해요)

위인 낱말을 넣어 짧은 글짓기를 해볼까요? (예) 위인들의 어린 시절은 우리와 다른 점이 별로 없어요.

위인 :

고민

(뜻) : 걱정이 있어서 괴롭고 답답한 것.
(교과서 예문) 세종대왕은 어떤 고민을 했을까요?

◉ 낱말을 따라 써 볼까요?

| 고 | 민 | | 고 | 민 | | 고 | 민 | | 고 | 민 | | 고 | 민 | |

◉ (   ) 안의 문장을 빈 칸에 써 볼까요?   **(친구 일로 고민에 빠졌어요)**

| | | | | | | | | | | | | | | |

고민 낱말을 넣어 짧은 글짓기를 해볼까요? (예) 친한 친구가 전학을 간다고 해서 고민에 빠졌어요.

고민 :

도담도담

(뜻) : 어린아이가 탈 없이 잘 놀며 자라는 모양.
(교과서 예문) 도담도담 어린아이가 탈 없이 잘 놀며 자라는 모양

◉ 낱말을 따라 써 볼까요?

| 도 | 담 | 도 | 담 | | 도 | 담 | 도 | 담 | | 도 | 담 | 도 | 담 | |

◉ (   ) 안의 문장을 빈 칸에 써 볼까요?   **(아기가 도담도담 잘 자라요)**

| | | | | | | | | | | | | | | |

도담도담 낱말을 넣어 짧은 글짓기를 해볼까요? (예) 엄마는 동생이 도담도담 잘 자라는 것이 고맙대요.

도담도담 :

과거

(뜻) : 지나간 때.
(교과서 예문) 내가 관심 있는 물건의 과거와 현재의 모습을 알아볼까요?

◉ 낱말을 따라 써 볼까요?

| 과 | 거 | | 과 | 거 | | 과 | 거 | | 과 | 거 | | 과 | 거 | |

◉ (   ) 안의 문장을 빈 칸에 써 볼까요?   **(과거에는 시골에서 살았어요)**

| | | | | | | | | | | | | | | |

과거 낱말을 넣어 짧은 글짓기를 해볼까요? (예) 강아지랑 같이 자겠다고 했던 과거가 떠올랐어요.

과거 :

인물

낱말 뜻을 이해하고 낱말의 쓰임을 완벽하게 익혀볼까요?

현재

(뜻) : 지금의 이 시간.
(교과서 예문) 과거와 현재의 모습을 찾아요.

◉ **낱말을 따라 써 볼까요?**

| 현 | 재 | | 현 | 재 | | 현 | 재 | | 현 | 재 | | 현 | 재 | |

◉ ( ) 안의 문장을 빈 칸에 써 볼까요? **(과거보다 현재가 더 중요해요)**

| | | | | | | | | | | | | | | |

현재 낱말을 넣어 짧은 글짓기를 해 볼까요? (예) 현재 우리 가족은 모두 여섯 명이에요.

현재 :

미래

(뜻) : 앞으로 올 때.
(교과서 예문) 미래에는 어떤 모습으로 바뀔까요?

◉ **낱말을 따라 써 볼까요?**

| 미 | 래 | | 미 | 래 | | 미 | 래 | | 미 | 래 | | 미 | 래 | |

◉ ( ) 안의 문장을 빈 칸에 써 볼까요? **(나의 미래 모습이 궁금해요)**

| | | | | | | | | | | | | | | |

미래 낱말을 넣어 짧은 글짓기를 해볼까요? (예) 미래 세상은 지금보다 많이 다를 거예요.

미래 :

침착하다

(뜻) : 어떤 일에 흥분하지 않고 조심스럽고 차분하다.
(교과서 예문) 침착하게 태산같이 무겁게 행동하라. -이순신-

◉ 낱말을 따라 써 볼까요?

| 침 | 착 | 하 | 다 | | 침 | 착 | 하 | 다 | | 침 | 착 | 하 | 다 | |

◉ (   ) 안의 문장을 빈 칸에 써 볼까요?   **(형은 항상 침착하게 행동해요)**

| | | | | | | | | | | | | | | |

침착하다 낱말을 넣어 짧은 글짓기를 해볼까요? (예) 누나가 나한테 침착하게 행동하라고 타일렀어요.
침착하다 :

밀다

(뜻) : 뒤에서 힘을 가하여 물체를 앞으로 움직이게 하다.
(교과서 예문) 밀고 당기며 놀아 볼까요?

◉ 낱말을 따라 써 볼까요?

| 밀 | 다 | | 밀 | 다 | | 밀 | 다 | | 밀 | 다 | | 밀 | 다 |

◉ (   ) 안의 문장을 빈 칸에 써 볼까요?   **(동생이 확 밀어서 넘어졌어요)**

| | | | | | | | | | | | | | | |

밀다 낱말을 넣어 짧은 글짓기를 해볼까요? (예) 동생이 장난감 자동차를 밀며 거실을 돌아다녀요.
밀다 :

당기다

(뜻) : 무엇을 끌어서 가까이 오게 하다.
(교과서 예문) 밀고 당겨요!

◉ 낱말을 따라 써 볼까요?

| 당 | 기 | 다 | | 당 | 기 | 다 | | 당 | 기 | 다 | | 당 | 기 | 다 |

◉ (   ) 안의 문장을 빈 칸에 써 볼까요?   **(친구가 내 가방을 당겼어요)**

| | | | | | | | | | | | | | | |

당기다 낱말을 넣어 짧은 글짓기를 해볼까요? (예) 문을 당겨야 하는데 밀었더니 열리지 않았어요.
당기다 :

더 해보아요

앞에서 공부한 낱말들을 떠올리며 문제를 풀어 볼까요?

1) 뜻에 알맞은 낱말을 (보기)에서 글자를 찾아 써 볼까요?

보기 : 게 래 현 인 과

(1) 글, 그림, 사진 등이 잘 보이도록 벽에 붙이거나 바닥에 세운 판. = ☐ 시 판

(2) 역사적으로 훌륭한 일을 해낸 인물. = 위 ☐

(3) 지나간 때. = ☐ 거

(4) 지금의 이 시간. = ☐ 재

(5) 앞으로 올 때. = ☐ 래

2) 문장에 어울리는 낱말을 ( ) 안에서 골라 ○표 해 볼까요?

(1) 이사를 가면 친구들과 헤어져야 해서 (고민 / 찬성)이에요.

(2) 아기를 보면 (엉금엉금 / 도담도담) 자라는 모습이 사랑스러워요.

(3) 갑자기 전깃불이 나갔는데 형이 (불안하게 / 침착하게) 양초를 찾았어요.

(4) 놀이터에서 동생이 타는 자전거를 (밀어 / 흔들어) 주었어요.

(5) 강아지가 내 옷을 (뜯으며 / 당기며) 놀자고 졸랐어요.

3) 밑줄 친 낱말과 뜻이 비슷한 말은 무엇일까요? ( )

(1) 덜렁대며 (2) 어리둥절하며

(3) 당황하며 (4) 차분하게

(5) 심심하게

4) 낱말의 뜻을 (보기)에서 찾아 사다리를 타고 내려간 곳에 기호를 쓸까요?

(1)(　　)　　(2)(　　)　　(3)(　　)　　(4)(　　)

5) 밑줄 친 낱말의 뜻을 찾아 선을 긋고 (　　)에 번호를 써 볼까요?

(1)작년까지 내 꿈은 소방관이었어.　　(　　) ·　　· ①과거

(2)지금은 음악가가 내 꿈이야.　　(　　) ·　　· ②미래

(3)앞으로 꿈이 어떻게 바뀔지 나도 모르겠어. (　　) ·　　· ③현재

*앞에서 배운 낱말 중에 잘 알고 있는 것에 O표를 할까요?

(　　)게시판 (　　)위인 (　　)고민 (　　)도담도담 (　　)과거 (　　)현재
(　　)미래 (　　)침착하다 (　　)밀다 (　　)당기다

*오늘 있었던 일 중에서 낱말 두 가지를 정하여 짧은 글짓기를 해볼까요?

(예) 자갈 : 바닷가에서 자갈을 여러 개 주워왔어요. 화분에 올려놨더니 참 예뻐요.

(1)

(2)

받아쓰기를 해보아요

앞에서 배운 단어를 떠올리며 맞는 낱말에 O표 하고 문장을 따라 써 볼까요?

1) 친구는 눈치가 없어서 분위기 (파악 / 파학)을 잘 못해요.

____

2) 책을 읽으며 (민줄 / 밑줄)을 그으면 기억이 더 잘 돼요.

____

3) 아이스크림이 (흐물흐물 / 흐믈흐믈) 녹았어요.

____

4) 책상 넓이를 (고든자 / 곧은자)로 재어보았어요.

____

5) 동생 허리를 (즐자 / 줄자)로 재어보았어요.

____

6) 새해가 되자 풍경이 예쁜 (달력 / 달역)을 거실 벽에 달았어요.

____

7) 형이 책상을 옮기며 (도음 / 도움)을 요청했어요.

---

8) 고모는 나보다 한 살 어리지만 (윗사람 / 웃사람)이에요.

---

9) 형이 방귀를 뀌더니 (챙피 / 창피)해서 얼굴이 빨개졌어요.

---

10) (개시판 / 게시판)에 소독한다는 내용이 적혀있어요.

---

11) 우리 가족은 (현재 / 현제) 모두 다섯 명이에요.

---

12) 동생이 식탁을 (당겨서 / 땅겨서) 물컵이 쓰러졌어요.

〈어린왕자와 사막여우를 만나러 가요〉
공부한 낱말이 들어간 동화를 읽으며 내용에 맞는 낱말에 O표 해 볼까요?

오늘 뜻밖의 손님이 찾아왔어요. 홀로 별을 다스리던 왕이 왔지 뭐예요.

"와! 진짜로 오셨군요. 초대는 했지만 오실 거라고는 생각 못했어요."

어린왕자는 왕을 몹시 반겼어요.

"한 번만 와달라는 네 간곡한 부탁을 거절할 수가 없었노라."

"고맙습니다. 사막여우한테 아주 멋진 선물을 해주고 싶어서 초대했어요."

어린왕자 말에 사막여우는 몹시 감격했어요.

"정말 고마워. 네 말대로 나는 지금 엄청난 선물을 받은 기분이야! 정말 기뻐!"

㉠사막여우는 1)(침작 / 침착)하려고 애를 썼어요.

"어린왕자 네가 하루라도 빨리 짐의 신하가 될 수 있도록 2)(도음 / 도움)을 주려고 왔노라."

왕은 무거운 의자와 흰 담비 모피가 달린 자줏빛 망토를 내려놓았어요. 왕은 무거운 짐을 들고 오느라 온몸이 3)(흐물흐물 / 흐믈흐믈)해질 정도로 지쳐 있었죠.

"너희는 어서 짐의 머리에 왕관을 씌우고 망토를 내 어깨에 걸쳐놓도록 하라."

왕이 의자에 앉으며 명령했어요. 사막여우는 왕의 명령이 재미있었어요.

"나는 4)(윗사람 / 웃사람)을 한 번도 만난 적이 없는데 오늘 처음으로 당신을 만났어요."

사막여우 말에 왕은 기분이 상했어요.

"나를 당신이라고 하다니! 그렇게 말한 자는 과거에도 없었고, 5)(현제 / 현재)도 없고, 미래에도 없을 것이다. 폐하라고 부르도록 해라."

"당신에 대해 아무것도 모르는데 6)(위인 / 우인)처럼 모실 수는 없어요."

사막여우의 말에 왕은 실망하는 표정을 감추지 못했어요.

"사막여우는 왕을 만나본 적이 없답니다. 그래서 폐하라는 말이 어떤 뜻인지도 모른답니다."

어린왕자가 대신 설명했어요.

"흠, 그럼 네가 7)(개시판 / 게시판)을 세우고 방문자들이 짐을 대할 때의 주의 사항을 써놓도록 하라. 짐에게 예의를 다하라는 내용에 반드시 밑줄을 치도록!"

명령을 하고 싶어 안달이 나 있던 왕은 어린왕자에게 말했어요.

사막여우는 의자에 앉아 길고 무거운 망토를 계속 밀었다 8)(당겼다 / 당겄다) 하
느라 쩔쩔매는 왕을 보며 물었어요.

"무거운 왕관과 망토가 왜 필요하죠? 9)(진심 / 지심)으로 이해할 수가 없어요."

"두 눈으로 보고도 상황 10)(파학 / 파악)을 못하는구나. 이 왕관과 망토는 왕의
상징이다."

왕은 불쾌한 표정을 감추지 못했어요. 사막여우가 여전히 폐하라고 하지 않았거
든요.

"너희의 고민을 말하면 짐이 11)(도움 / 도음)이 되어 줄 것이다."

왕은 목에 힘을 주고 말했어요. 사막여우가 물었어요.

"당신이 일 년 동안 그 의자에서 내려오는 12)(날수 / 랄수)가 며칠이나 되죠?"

"짐은 13)(달력 / 달역)이 필요 없다. 그런 것은 머리 나쁜 자들이나 사용하는 것
이다."

왕은 주변을 14)(들러보며 / 둘러보며) 다시 말했어요.

"짐이 피곤하다. 그대들은 온 정성을 다해 짐의 잠자리를 마련하도록 하라."

왕은 이곳이 퍽 마음에 들었어요. 그래서 며칠 머물고 싶었어요.

"짐이 이런 초라한 곳에 머무는 것은 15)(챙피 / 창피)한 일이지만 너희의 충성을
받아들이겠다."

㉡사막여우는 항상 명령밖에 할 줄 모르는 왕을 이해할 수가 없었어요.

"이제 알겠어요. 당신은 명령을 받아 줄 누군가가 필요해서 여기까지 왔군요."

사막여우는 이 상황이 너무 재미있어서 크게 웃었어요.

"사막여우, 너는 끝까지 짐에 대한 예의를 차린 줄을 모르는구나!"

왕은 겉으로는 화를 냈지만, 그렇게 말하는 사막여우가 귀여웠어요.

나도 작가) 여러분이 그다음 이야기를 지어 볼까요?

어린왕자 :

____

사막여우 :

〈독해 실력이 쑥쑥쑥〉 

◉어린왕자와 사막여우 동화로 독해 실력을 높여 볼까요?

1) 이 글의 내용으로 알맞지 않은 것은 무엇일까요? (　　)
(1)홀로 별을 다스리던 왕의 방문.
(2)왕은 어린왕자와 사막여우가 너무 보고 싶었다.
(3)어린왕자는 사막여우를 위해 왕을 초대했다.
(4)왕은 당신이라고 부르는 사막여우가 못마땅했다.

2) 왕은 왜 어린왕자를 찾아왔나요? (　　)
(1)어린왕자가 방문해 달라고 초대를 해서
(2)왕이 초대해달라고 어린왕자에게 요청을 해서
(3)여행을 하다 어린왕자 소식이 궁금해서
(4)사막여우가 왕을 초대해 달라고 졸라서

3) 어린왕자는 왜 왕을 초대하게 되었나요? (　　)
(1)사막여우에게 명령을 내리게 하려고
(2)사막여우를 기쁘게 해주려고
(3)멋진 왕관과 망토를 사막여우에게 보여주려고
(4)사막여우에게 자신의 능력을 자랑하고 싶어서

4) 왕에 대한 설명으로 맞지 않은 것을 골라 볼까요? (　　)
(1)무거운 의자, 망토를 들고 왔다.
(2)왕은 사막여우에게 폐하라고 부르도록 명령했다.
(3)왕은 어린왕자와 사막여우를 괴롭히려고 찾아왔다.
(4)왕은 달력은 머리 나쁜 자들이나 이용하는 것이라고 여긴다.

5) (ㄴ)에서 사막여우는 왜 왕을 이해할 수가 없었나요? (　　)
(1)항상 명령밖에 할 줄 몰라서
(2)어린왕자를 신하로 삼으려고 애를 써서
(3)뭐든 제멋대로 해서
(4)손님이면서 갈 생각을 하지 않아서

(해답) 1)(2) 2)(1) 3)(2) 4)(3) 5)(1)

〈문해 실력이 쑥쑥쑥〉

◉어린왕자와 사막여우 동화로 문해 실력을 높여 볼까요?

1) ㉠에서 사막여우는 지금 어떤 기분일까요? (   )
(1)약간 들떴다.
(2)몹시 언짢다.
(3)귀찮다.
(4)어이가 없다.

2) 왕은 '폐하'라고 부르지 않는 사막여우에게 어떤 마음을 느꼈나요? (   )
(1)사막여우가 자신을 이해하지 못해서 고마웠다.
(2)자신에게 예의를 갖추지 않아 기분이 상했다.
(3)왕관과 망토의 필요성을 알게 되어 즐거웠다.
(4)사막여우가 귀여워서 친구 삼고 싶었다.

3) 이 글을 읽고 떠오르는 장면을 잘못 말한 친구를 모두 골라 볼까요? (   )
민호 : "왕의 방문에 쩔쩔매는 어린왕자와 사막여우 모습이 떠올라."
호린 : "무거운 망토를 걸치고 아무에게나 명령을 하고 싶어하는 왕이 떠올라."
수민 : "어린왕자와 사막여우에게 잠자리를 만들라는 왕이 떠올라."
후야 : "초대하지 않았는데 찾아 온 왕 때문에 어린왕자와 사막여우는 화가 났어."

4) 이 글의 왕과 같은 사람은 어떤 성격일지 모두 골라 볼까요? (   )
(1)친구가 없어서 외롭다.
(2)밝고 명랑해서 친구를 잘 사귄다.
(3)혼자 잘난 척을 해서 모두 싫어한다.
(4)남이 말을 안 들어줘도 좋아한다.

5) 끊임없이 명령하는 왕을 보며 배울 수 있는 교훈은 무엇인가요?(   )
(1)끊임없이 명령하는 것은 왕의 당연한 역할이다.
(2)어려운 사람에게 예의를 갖출 필요가 없다.
(3)자유롭게 살지도 못하면서 남에게 자랑만 하는 것은 옳지 않은 행동이다.
(4)남에게 내가 가진 것을 자랑하는 것도 능력이다.

글을 읽고 어떤 속담이 맞는지 보기에서 골라 (　　) 안에 써 볼까요?

보기

- **낙숫물**(처마 끝에서 떨어지는 물)**이 댓돌을 뚫는다.** (작은 힘이라도 끊임없이 노력하면 결국 큰일을 이룰 수 있다는 뜻)
- **논 끝은 없어도 일한 끝은 있다.** (아무리 막막한 일이라도 꾸준히 하다 보면 반드시 좋은 결과를 얻는다는 뜻)
- **백지장**(하얀 종이)**도 맞들면 낫다.** (백지장 드는 일도 힘을 합치면 좋은 결과를 얻을 수 있다는 협력의 뜻)
- **내 물건이 좋아야 값을 받는다.** (좋은 물건을 만들기 위한 노력이 있어야 그에 맞는 대가를 얻을 수 있다는 뜻)
- **목마른 사람이 우물 판다.** (뭔가 간절히 필요하면 스스로 노력하여 행동으로 옮겨야 좋은 결과를 얻을 수 있다는 뜻)

'또르르'는 처마 끝에 사는 작은 물방울이에요. 또르르가 떨어지는 곳에는 단단한 댓돌이 놓여 있었어요. 또르르는 댓돌을 뚫어보고 싶은 마음이 간절했어요. 의미 없이 떨어지는 것이 싫었거든요. 그래서 쉬지 않고 열심히 댓돌 위로 떨어졌어요. 굵은 빗방울들이 "너 같은 작은 물방울이 댓돌을 뚫겠다고?" 하며 비웃었어요. 그래도 또르르는 "포기하지 않고 한 자리에만 계속 떨어지면 분명히 변화가 일어날 거야!" 하고 생각했어요. 많은 세월이 흘렀어요. 어느 날, 댓돌을 청소하던 사람이 "단단한 댓돌에 작은 구멍이 생겼어!" 크게 외쳤어요. 또르르는 깨달았어요. 작은 힘이라도 쉬지 않고 끈기 있게 노력하다 보면 제아무리 힘든 목표도 언젠가는 반드시 이겨낼 수 있다는 것을요.

1) ____________________

아기 곰 '달곰이'의 꿀은 아무도 사질 않았어요. 맛도 없고 지저분했거든요. 달곰이는 어떻게 해야 꿀이 잘 팔리는지 알고 싶었어요. 그래서 비싼데도 꿀을 잘 파는 '부지런' 할아버지를 찾아가 방법을 물었어요. "네 물건이 어때야 값을 제대로 받고 팔 수 있을까? 내 말을 잘 생각해 보렴." 그 말을 들은 달곰이는 꿀을 찾는 시간을 두 배로 늘리고, 꿀에 잡티가 없는지 몇 번이고 확인하고, 꿀단지도 깨끗이 닦아 예쁜 잎사귀로 장식했어요. 마침내, 달곰이의 꿀은 달콤한 맛에 윤기까지 흘렀어요. 그리고 장터에 내놓기 바쁘게 비싼 값에 팔렸어요. "대충 만든 물건은 제값을 못 받지만, 노력이 담긴 물건은 귀한 대접을 받는구나." 달곰이의 기쁨은 이루 말할 수 없이 컸어요.

2) ____________________ 

땅 부자인 '땅꼬'는 일은 전혀 안 하면서 땅만 보면
찌증을 냈어요. 그러다보니 땅꼬의 논에서는 풀만 자랐어요. 할아버지가
"네 눈에는 논이 끝없어 보여도 네가 땀 흘려 하는 일한 끝은 있단다." 하며 땅꼬를
타일렀어요. 땅꼬는 할아버지 말을 듣고 생각을 바꾸기로 했어요.
"그래, 논의 크기는 내가 바꿀 수 없지만, 오늘 내가 하는 일의 양은 내가 정할 수 있어!"
땅꼬는 하루에 끝낼 수 있을 정도의 땅을 정해놓고 일을 시작했어요. 그리고 정한 만큼은
그날 반드시 해냈어요. 그러자 드넓은 논에는 노랗게 익은 벼들이 넘실거렸어요.
땅꼬는 깨달았어요. 놀 때는 아무것도 얻을 수 없지만 매일 정해진 일에 최선을
다하다 보면 언젠가는 끝을 볼 수 있다는 것을요.

3)

친구들과 놀던 아기 양 '보송이'는 몹시 목이 말랐어요.
하지만 주변 어디에도 우물은 보이지 않았어요. 친구들은 목이 별로 마르지
않은 것 같았어요. 누군가 물을 구해다 주길 바랄 수도 없었어요.
"누군가 해결해 주기를 기다릴 수 없어. 난 숨도 못 쉴 정도로 목이 말라."
보송이는 땅을 파기 시작했어요. 온몸이 아프고, 흙먼지가 날렸지만 포기하지 않았어요.
잠시 후, 발밑에서 시원한 물줄기가 솟아났어요! 보송이는 숨도 안 쉬고 물을 마셨어요.
"보송아, 네가 목이 많이 말랐었구나."
"물이 정말 간절했어. 가만히 있다가는 죽을 것 같았거든."
"목이 몹시 말랐던 네 덕분에 시원한 우물이 생겼어!"

4)

아기 다람쥐 '다다'는 도화지가 너무 커서 펼칠 수가 없었어요.
한쪽을 잡으면 다른 쪽이 바닥에 끌리고, 이쪽을 잡으면 저쪽이 쭈글쭈글
접혔어요. 혼자 힘으로는 종이를 펼 수 없을 것 같자 토끼 친구 '깡총이'를 불렀어요.
"도화지에 그림을 그리고 싶은데 펼칠 수가 없어. 도와줄래?"
"그래. 아무리 얇은 종이라도 누군가와 같이 들면 더 가벼워지기는 해."
다다와 깡총이는 도화지의 네 모서리를 마주 잡고 하나, 둘, 셋! 하고 힘을 주었어요.
커다란 도화지가 거짓말처럼 반듯하고 깨끗하게 펴졌어요.
"종이도 같이 드니까 쉽게 펴지네! 이젠 내가 그리고 싶은 그림을 그릴 수 있어!"
기분이 좋아진 다다는 도화지에 그림을 그리기 시작했어요.

5)

어휘 미리 살펴보기

교과서 어휘력이 문해력의 시작이다!

- 한글의 어휘력 · 독해력 · 문해력을 그만 무시!
- 어휘력 · 독해력 · 문해력 실력은 모든 학업의 기본!
- 어휘력 · 독해력 · 문해력을 해결하려면 낱말 반복 복습부터 시작!
- 초등학교 교과서의 어휘력 · 독해력 · 문해력 해결은 명문대 입학의 지름길!

1회
국어 교과서 어휘

일어나다 / 가르치다 / 바래다 / 바라다 /
구분하다 / 적다 / 작다 / 준비하다 /
추억 / 만발하다

공부한 날 (　　)월 (　　)일

2회
수학 교과서 어휘

의견 / 알아보다 / 조사하다 / 편리하다 /
계절 / 그래프 / 같은 점 / 다른 점 / 물음 /
며칠

공부한 날 (　　)월 (　　)일

3회

국어 교과서 어휘

**매체 / 영상 / 공익 광고 / 착각하다 / 만화 /
말풍선 / 천천히 / 오염물 / 낭비 / 누리집**

공부한 날 (   )월 (   )일

4회

물건 교과서 어휘

**발명품 / 장치 / 출발선 / 대신 / 학용품 /
행복하다 / 이어달리기 / 성큼성큼 / 전기 /
화재**

공부한 날 (   )월 (   )일

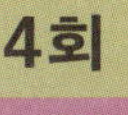

· 더 해보아요
· 받아쓰기를 해보아요
· 어린왕자와 사막여우를 만나러 가요
· 독해력이 쑥쑥쑥
· 문해력이 쑥쑥쑥
· 속담 실력이 쑥쑥쑥

5. 바른 말로 이야기를 나누어요

낱말 뜻을 이해하고 낱말의 쓰임을 완벽하게 익혀볼까요?

일어나다 (뜻) : 일·사건 등의 어떤 일이 생기다. / 다른 뜻 : 누웠다가 앉거나 앉았다가 일어남
(교과서 예문) 일이 일어난 차례대로 이야기하기.

◉ **낱말을 따라 써 볼까요?**

일	어	나	다	일	어	나	다	일	어	나	다

◉ ( ) 안의 문장을 빈 칸에 써 볼까요? **(거품이 일어나서 놀랐어요)**

일어나다 낱말을 넣어 짧은 글짓기를 해 볼까요? (예) 그 일이 일어난 순서대로 설명했어요.

일어나다 :

가르치다 (뜻) : 지식이나 기술 등을 깨닫게 하거나 익히게 하다.
(교과서 예문) 동생들에게 축구를 가르쳐 주었어.

◉ **낱말을 따라 써 볼까요?**

가	르	치	다	가	르	치	다	가	르	치	다

◉ ( ) 안의 문장을 빈 칸에 써 볼까요? **(형이 축구를 가르쳐 주었어요)**

가르치다 낱말을 넣어 짧은 글짓기를 해볼까요? (예) 선생님이 가르쳐 주신 수학은 조금 어려웠어요.

가르치다 :

바래다

(뜻) : 희미해지거나 누렇게 색이 변하다.

(교과서 예문) 사진첩 색이 흐려졌을 때는 '사진첩이 바랬다'고 말해야 해.

◉ 낱말을 따라 써 볼까요?

바	래	다		바	래	다		바	래	다		바	래	다

◉ (   ) 안의 문장을 빈 칸에 써 볼까요?   **(하얀 옷이 누렇게 바랬어요)**

바래다 낱말을 넣어 짧은 글짓기를 해볼까요? (예) 작년에 산 가방이 누렇게 바래서 세탁했어요.

바래다 :

바라다

(뜻) : 원하는 대로 어떤 일이 이루어졌으면 하고 생각하다. / (교과서 예문) '바라다'와 '바래다', '적다'와 '작다'는 글자 모양이 비슷해서 잘못 사용하기 쉬운 낱말이에요.

◉ 낱말을 따라 써 볼까요?

바	라	다		바	라	다		바	라	다		바	라	다

◉ (   ) 안의 문장을 빈 칸에 써 볼까요?   **(기적이 일어나기를 바랐어요)**

바라다 낱말을 넣어 짧은 글짓기를 해볼까요? 예) 엄마는 형의 대학 합격을 간절하게 바랐어요.

바라다 :

구분하다

(뜻) : 일정한 기준으로 갈라 나누다.

(교과서 예문) 뜻을 정확히 파악하고 상황에 따라 바르게 구분해서 써야 해요.

◉ 낱말을 따라 써 볼까요?

구	분	하	다		구	분	하	다		구	분	하	다

◉ (   ) 안의 문장을 빈 칸에 써 볼까요?   **(책을 키 순서대로 구분했어요)**

구분하다 낱말을 넣어 짧은 글짓기를 해볼까요? (예) 입을 옷과 안 입을 옷을 따로 구분해 놓았어요.

구분하다 :

5. 바른 말로 이야기를 나누어요

낱말 뜻을 이해하고 낱말의 쓰임을 완벽하게 익혀볼까요?

적다

(뜻) : 수나 양이 일정한 기준보다 많지 않다. / 다른 뜻 : 글로 씀 / (교과서 예문) '바라다'
와 '바래다', '적다'와 '작다'는 글자 모양이 비슷해서 잘못 사용하기 쉬운 낱말이에요.

◉ 낱말을 따라 써 볼까요?

적	다		적	다		적	다		적	다		적	다

◉ (   ) 안의 문장을 빈 칸에 써 볼까요?   **(내 용돈은 누나보다 적어요)**

적다 낱말을 넣어 짧은 글짓기를 해 볼까요? (예) 어제 먹은 과자보다 오늘 먹은 과자 양이 훨씬 적어요.

적다 :

작다

(뜻) : 부피 · 크기 · 길이 등이 보통보다 덜하다.
(교과서 예문) 다람쥐는 토끼보다 몸집이 작다.

◉ 낱말을 따라 써 볼까요?

작	다		작	다		작	다		작	다		작	다

◉ (   ) 안의 문장을 빈 칸에 써 볼까요?   **(내 키는 형보다 훨씬 작아요)**

작다 낱말을 넣어 짧은 글짓기를 해볼까요? (예) 작년에 샀던 옷이 작아서 입을 수가 없어요.

작다 :

준비하다

(뜻) : 앞으로 해야 할 일에 필요한 것을 미리 갖추다. / (교과서 예문) 즐거운 학교생활을 위해 우리 반 친구들에게 발표할 내용을 준비해 봅시다.

◉ 낱말을 따라 써 볼까요?

| 준 | 비 | 하 | 다 | | 준 | 비 | 하 | 다 | | 준 | 비 | 하 | 다 | |

◉ (　　　) 안의 문장을 빈 칸에 써 볼까요?　**(엄마가 저녁 음식을 준비해요)**

| | | | | | | | | | | | | | | |

준비하다 낱말을 넣어 짧은 글짓기를 해볼까요? (예) 아침 일찍 일어나 학교 갈 준비를 했어요.

준비하다 :

추억

(뜻) : 지난 일에 대한 생각.
(교과서 예문) '아빠와 함께 추억 만들기' 행사에 참여해서 감자를 캤다.

◉ 낱말을 따라 써 볼까요?

| 추 | 억 | | 추 | 억 | | 추 | 억 | | 추 | 억 | | 추 | 억 | |

◉ (　　　) 안의 문장을 빈 칸에 써 볼까요?　**(옛날 추억이 떠올랐어요)**

| | | | | | | | | | | | | | | |

추억 낱말을 넣어 짧은 글짓기를 해볼까요? (예) 우리는 바닷가에서 많은 추억을 쌓았어요.

추억 :

만발하다

(뜻) : 꽃이나 웃음 등이 활짝 피다.
(교과서 예문) 화단에 코스모스가 만발했다.

◉ 낱말을 따라 써 볼까요?

| 만 | 발 | 하 | 다 | | 만 | 발 | 하 | 다 | | 만 | 발 | 하 | 다 | |

◉ (　　　) 안의 문장을 빈 칸에 써 볼까요?　**(온 산에 진달래가 만발했어요)**

| | | | | | | | | | | | | | | |

만발하다 낱말을 넣어 짧은 글짓기를 해볼까요? (예) 집안에 웃음꽃이 만발했어요.

만발하다 :

앞에서 공부한 낱말들을 떠올리며 문제를 풀어 볼까요?

1) 빈칸에 들어갈 알맞은 글자를 모두 골라 O표 해 볼까요?

(1) 일 · 사건 등의 어떤 일이 생기는 것을 □□□□ 라고 해요. = 어 일 구 다 나

(2) 희미해지거나 누렇게 색이 변하는 것을 □□□ 라고 해요. = 래 다 바 가 르

(3) 일정한 기준으로 갈라 나누는 것을 □□□ 라고 해요. = 분 다 구 필 하

(4) 지난 일에 대한 생각을 □□ 이라고 해요. = 추 준 비 억 하

(5) 꽃이나 웃음 등이 활짝 핀 것을 □□□ 라고 해요. = 발 다 만 추 하

2) 문장에 어울리는 낱말을 ( ) 안에서 골라 O표 해 볼까요?

(1) 흙을 밟았더니 운동화가 누렇게 (바라서 / 바래서) 몹시 지저분해요.

(2) 놀부는 제비가 찾아오기만을 (바래느라고 / 바라느라고) 아무것도 못했어요.

(3) 강아지가 왜 밥그릇의 사료 양이 (적냐고/ 작냐고) 따지는 것 같았어요.

(4) 발이 커져서 운동화가 (작아요 / 적어요).

3) 밑줄 친 낱말과 같은 뜻으로 쓰인 것은 어떤 것일까요? ( )

(1) 강아지와 고양이는 사료를 적게 주면 몹시 서운해해.

(2) 책을 읽으면서 중요한 내용이 있으면 공책에 옮겨 적어.

(3) 동시를 적어 엄마한테 보여드렸어.

4) 뜻에 알맞은 낱말을 글자판에서 찾아 묶고 (   )에 써 볼까요?

(낱말을 가로, 세로 방향으로 찾으면 되어요)

바	라	다	가
래	작	다	르
다	추	억	치
일	어	나	다

(1)일·사건 등의 어떤 일이 생기다. (   )
(2)지식이나 기술 등을 깨닫게 하거나 익히게 하다.
(   )
(3)희미해지거나 누렇게 색이 변하다. (   )
(4)지난 일에 대한 생각. (   )

5) 문장에 어울리는 낱말을 찾아 선을 긋고 (   )에 번호를 써 볼까요?

(1)며칠 있으면 어버이날이라서 선물을 (   )했어요. ·　　　　·①가르쳐
(2)친구들에게 야구하는 방법을 (   ) 주었어요. ·　　　　·②준비
(3)생일 선물로 로봇을 (   ) 축구공을 받았어요. ·　　　　·③바랐는데

*앞에서 배운 낱말 중에 잘 알고 있는 것에 O표를 할까요?

(   )일어나다 (   )가르치다 (   )바래다 (   )바라다 (   )구분하다
(   )적다 (   )작다 (   )준비하다 (   )추억 (   )만발하다

*오늘 있었던 일 중에서 낱말 두 가지를 정하여 짧은 글짓기를 해 볼까요?

(예) 연필 : 아빠가 연필을 깎아서 필통에 가지런히 넣어주었어요.

(1)

(2)

5. 표와 그래프

낱말 뜻을 이해하고 낱말의 쓰임을 완벽하게 익혀볼까요?

교과서 어휘
수록 교과서 수학 2-2

의견

(뜻) : 어떤 상황을 판단해서 갖는 생각.
(교과서 예문) 여러 사람의 의견을 모았어요.

◉ **낱말을 따라 써 볼까요?**

| 의 | 견 | | 의 | 견 | | 의 | 견 | | 의 | 견 | | 의 | 견 | |

◉ ( ) **안의 문장을 빈 칸에 써 볼까요?** **(엄마 의견에 따르기로 했어요)**

| | | | | | | | | | | | | | | |

의견 낱말을 넣어 짧은 글짓기를 해 볼까요? (예) 형은 무조건 자기 의견이 옳다고 말해요.

의견 :

알아보다

(뜻) : 모르는 것을 알려고 조사하거나 살펴보다.
(교과서 예문) 알아보기 쉽게 나타내 봐요.

◉ **낱말을 따라 써 볼까요?**

| 알 | 아 | 보 | 다 | | 알 | 아 | 보 | 다 | | 알 | 아 | 보 | 다 | |

◉ ( ) **안의 문장을 빈 칸에 써 볼까요?** **(시내 가는 방법을 알아봤어요)**

| | | | | | | | | | | | | | | |

알아보다 낱말을 넣어 짧은 글짓기를 해볼까요? (예) 길거리에서 친구가 나를 알아보고 달려왔어요.

알아보다 :

조사하다

(뜻) : 어떤 내용을 알기 위해 자세히 살피거나 찾아보다.
(교과서 예문) 친구들과 무엇을 조사할지 의견을 나누어요.

◉ 낱말을 따라 써 볼까요?

| 조 | 사 | 하 | 다 | | 조 | 사 | 하 | 다 | | 조 | 사 | 하 | 다 | |

◉ (   ) 안의 문장을 빈 칸에 써 볼까요?   **(밭에 사는 벌레를 조사했어요)**

| | | | | | | | | | | | | | | |

조사하다 낱말을 넣어 짧은 글짓기를 해볼까요? (예) 개미집을 찾아서 개미들을 조사했어요.

조사하다 :

편리하다

(뜻) : 어떤 일을 하는 것이 힘들지 않고 쉽다.
(교과서 예문) 표로 나타내면 어떤 점이 편리한지 이야기해 봅시다.

◉ 낱말을 따라 써 볼까요?

| 편 | 리 | 하 | 다 | | 편 | 리 | 하 | 다 | | 편 | 리 | 하 | 다 | |

◉ (   ) 안의 문장을 빈 칸에 써 볼까요?   **(학교 가기가 편리해졌어요)**

| | | | | | | | | | | | | | | |

편리하다 낱말을 넣어 짧은 글짓기를 해볼까요? (예)우리 동네는 교통이 편리해요.

편리하다 :

계절

(뜻) : 일 년을 넷으로 나눈 봄·여름·가을·겨울의 철.
(교과서 예문) 조사 방법을 정해 우리 반 친구들이 태어난 계절을 조사해 봅시다.

◉ 낱말을 따라 써 볼까요?

| 계 | 절 | | 계 | 절 | | 계 | 절 | | 계 | 절 | | 계 | 절 | |

◉ (   ) 안의 문장을 빈 칸에 써 볼까요?   **(우리나라는 계절이 뚜렷해요)**

| | | | | | | | | | | | | | | |

계절 낱말을 넣어 짧은 글짓기를 해볼까요? (예) 나는 계절 중에서 봄이 제일 좋아요.

계절 :

5. 표와 그래프

낱말 뜻을 이해하고 낱말의 쓰임을 완벽하게 익혀볼까요?

교과서 어휘
수록 교과서 수학 2-2

그래프

(뜻) : 양이나 얻은 값을 나타내는 막대나 선으로 그린 그림.
(교과서 예문) 자료를 분류하여 그래프로 나타내 볼까요?

◉ **낱말을 따라 써 볼까요?**

| 그 | 래 | 프 | | 그 | 래 | 프 | | 그 | 래 | 프 | | 그 | 래 | 프 |

◉ **(　　) 안의 문장을 빈 칸에 써 볼까요?　(게임 시간을 그래프로 그려요)**

그래프 낱말을 넣어 짧은 글짓기를 해 볼까요? (예) 공부 시간과 게임 시간의 그래프를 만들었어요.

그래프 :

같은 점

(뜻) : 서로 다르지 않거나 차이가 없는 사실.
(교과서 예문) 앞의 두 그래프를 비교하여 같은 점과 다른 점을 이야기해 보세요.

◉ **낱말을 따라 써 볼까요?**

| 같 | 은 | | 점 | | 같 | 은 | | 점 | | 같 | 은 | | 점 |

◉ **(　　) 안의 문장을 빈 칸에 써 볼까요?　(나와 형은 같은 점이 많아요)**

같은 점 낱말을 넣어 짧은 글짓기를 해볼까요? (예) 비슷한 그림 속의 같은 점을 찾아봤어요.

같은 점 :

다른 점 (뜻) : 어떤 것과 같지 않거나 차이가 있는 사실.

(교과서 예문) 앞의 두 그래프를 비교하여 같은 점과 다른 점을 이야기해 보세요.

⊙ 낱말을 따라 써 볼까요?

다	른		점	다	른		점	다	른		점	

⊙ (   ) 안의 문장을 빈 칸에 써 볼까요?   **(친구마다 다른 점이 많아요)**

다른 점 낱말을 넣어 짧은 글짓기를 해볼까요? (예) 친구 집은 우리 집과 다른 점이 여러 가지였어요.

다른 점 :

물음 (뜻) : 묻는 것, 또는 묻는 말.

(교과서 예문) 조사한 자료를 표로 나타내고 물음에 답하세요.

⊙ 낱말을 따라 써 볼까요?

물	음		물	음		물	음		물	음		물	음

⊙ (   ) 안의 문장을 빈 칸에 써 볼까요?   **(선생님 물음에 대답했어요)**

물음 낱말을 넣어 짧은 글짓기를 해볼까요? (예) 형은 내 물음에 무조건 모른다고 대답해요.

물음 :

며칠 (뜻) : 몇 날, 또는 몇 번째 날.

(교과서 예문) 12월에 비가 온 날은 며칠인가요?

⊙ 낱말을 따라 써 볼까요?

며	칠		며	칠		며	칠		며	칠		며	칠

⊙ (   ) 안의 문장을 빈 칸에 써 볼까요?   **(엄마가 며칠 동안 아프셨어요)**

며칠 낱말을 넣어 짧은 글짓기를 해볼까요? (예) 강아지가 며칠이 지나도록 돌아오지 않아요.

며칠 :

더 해보아요

앞에서 공부한 낱말들을 떠올리며 문제를 풀어 볼까요?

1) 낱말의 뜻을 (보기)에서 찾아 사다리를 타고 내려간 곳에 기호를 쓸까요?

보기 ㉠어떤 상황을 판단해서 갖는 생각. ㉡일 년을 넷으로 나눈 봄·여름·가을·겨울의 철.

㉢양이나 얻은 값을 나타내는 막대나 선으로 그린 그림. ㉣묻는 것. 또는 묻는 말.

의견　　계절　　그래프　　물음

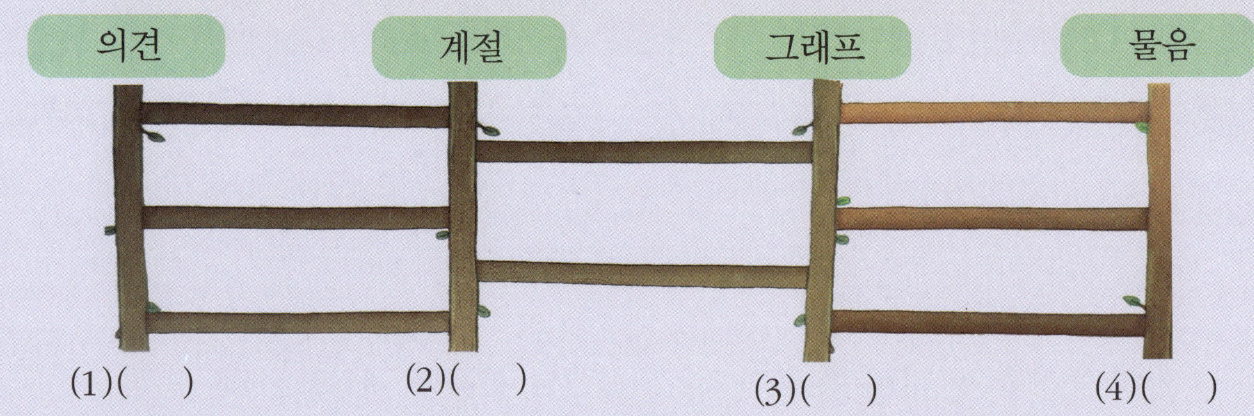

(1)(　　) 　　 (2)(　　) 　　 (3)(　　) 　　 (4)(　　)

2) 문장에 들어갈 알맞은 낱말을 (보기)에서 찾아 (　　)에 써 볼까요?

보기 :　다른 점　　편리하지만　　같은 점　　알아보고　　조사해

(1)나는 오랜만에 만난 친척을 먼저 (　　　　　) 인사를 했어요.

(2)우리 동네에 있는 약국이 몇 군데인지 (　　　　　) 보았어요.

(3)엘리베이터를 타면 (　　　　　) 운동은 안 되어요.

(4)내 짝꿍은 나와 다른 점도 많지만 (　　　　　)도 많은 편이에요.

(5)우리 가족은 같은 점도 많지만 (　　　　　)도 많아요.

3) 밑줄 친 낱말과 뜻이 비슷한 말은 무엇일까요? (　　)

친구에게 꽃의 모양이 어떻게 변하는지 <u>조사하자고</u> 했어요.

(1)살펴보자고　　(2)만져보자고　　(3)꺾어보자고

(4)바라보자고　　(5)방해하자고

4) 밑줄 친 낱말의 쓰임이 맞는 친구는 O표, 틀린 친구는 X표 해 볼까요?

(1)(   )   (2)(   )   (3)(   )

5) 빈칸에 들어갈 알맞은 글자를 모두 골라 O표 해 볼까요?

(1) 서로 다르지 않거나 차이가 없는 사실을 ☐☐☐ 이라고 해요. = 같 바 은 점 사

(2) 몇 날, 또는 몇 번째 날을 ☐☐ 이라고 해요. = 며 바 래 칠 다

(3) 묻는 것, 또는 묻는 말을 ☐☐ 이라고 해요. = 음 물 그 점 모

(4) 어떤 것과 같지 않거나 차이가 있는 사실을 ☐☐☐ 이라고 해요. = 오 다 은 른 점

*앞에서 배운 낱말 중에 잘 알고 있는 것에 O표를 할까요?

(   )의견   (   )알아보다   (   )조사하다   (   )편리하다   (   )계절

(   )그래프   (   )같은 점   (   )다른 점   (   )물음   (   )며칠

*오늘 있었던 일 중에서 낱말 두 가지를 정하여 짧은 글짓기를 해볼까요?

(예) 공책 : 나는 공책에 글씨 쓰는 것보다 그림 그리기가 더 재미있어요.

(1)

(2)

해답 : 1)(1)㉢ (2)㉣ (3)㉡ (4)㉠ / 2)(1)알아보고 (2)조사해 (3)편리하지만 (4)같은 점 (5)다른 점 /
3)(1) / 4)(1)O (2)O (3)X / 5)(1)같은 점 (2)며칠 (3)물음 (4)다른 점

6. 매체를 경험해요

낱말 뜻을 이해하고 낱말의 쓰임을 완벽하게 익혀볼까요?

매체

(뜻) : 어떤 사실을 널리 전달하는 수단이 되는 것.
(교과서 예문) 매체에 흥미를 가지고 자신의 생각이나 느낌 나누기

◉ **낱말을 따라 써 볼까요?**

매	체		매	체		매	체		매	체		매	체

◉ **( ) 안의 문장을 빈 칸에 써 볼까요? (많은 매체가 있어서 편리해요)**

매체 낱말을 넣어 짧은 글짓기를 해 볼까요? (예) 엄마는 매체 중에서 스마트폰을 많이 활용해요.

매체 :

영상

(뜻) : 영사막이나 브라운관, 모니터 따위에 비추어진 상. / 다른 뜻 : 0℃ 이상의 온도
(교과서 예문) 영상 속 호랑이 소리가 진짜 호랑이 우는 소리처럼 실감 나게 느껴졌어.

◉ **낱말을 따라 써 볼까요?**

영	상		영	상		영	상		영	상		영	상

◉ **( ) 안의 문장을 빈 칸에 써 볼까요? (영상 속 내 모습이 예뻤어요)**

영상 낱말을 넣어 짧은 글짓기를 해볼까요? (예) 피노키오 동화를 영상으로 보았어요.

영상 :

공익 광고 (뜻) : 국가와 국민의 이익을 위해 만든 광고.
(교과서 예문) 공익 광고는 여러 사람의 이익을 목적으로 하는 광고를 말해요.

◉ 낱말을 따라 써 볼까요?

| 공 | 익 | | 광 | 고 | | 공 | 익 | | 광 | 고 | | | | |

◉ ( ) 안의 문장을 빈 칸에 써 볼까요? **(새 공익 광고가 퍽 재밌어요)**

| | | | | | | | | | | | | | |

공익 광고 낱말을 넣어 짧은 글짓기를 해볼까요? (예) 관광을 알리는 공익 광고를 보았어요.
공익 광고 :

착각하다 (뜻) : 오해해서 실제와 틀리게 생각하거나 느끼다. / (교과서 예문) "엄마, 저 풀은 이름이 뭐예요?"라는 문장이 썩지 않는 쓰레기를 풀로 착각한 것 같아서 기억에 남아.

◉ 낱말을 따라 써 볼까요?

| 착 | 각 | 하 | 다 | | 착 | 각 | 하 | 다 | | 착 | 각 | 하 | 다 | |

◉ ( ) 안의 문장을 빈 칸에 써 볼까요? **(내 옷과 형 옷을 착각했어요)**

| | | | | | | | | | | | | | |

착각하다 낱말을 넣어 짧은 글짓기를 해볼까요? (예) 영화 속 주인공이 된 것 같은 착각이 들었어요.
착각하다 :

만화 (뜻) : 이야기를 간결하고 재미있게 그린 그림.
(교과서 예문) 어떻게 하면 만화를 더 재미있게 읽을 수 있을까요?

◉ 낱말을 따라 써 볼까요?

| 만 | 화 | | 만 | 화 | | 만 | 화 | | 만 | 화 | | 만 | 화 |

◉ ( ) 안의 문장을 빈 칸에 써 볼까요? **(나는 만화 영화를 좋아해요)**

| | | | | | | | | | | | | | |

만화 낱말을 넣어 짧은 글짓기를 해볼까요? (예) 만화 영화를 보러 극장에 가기로 했어요.
만화 :

6. 매체를 경험해요

낱말 뜻을 이해하고 낱말의 쓰임을 완벽하게 익혀볼까요?

교과서 어휘
수록 교과서 국어 2-2④

말풍선

(뜻) : 만화에서 대사를 써넣은 풍선 모양의 그림.
(교과서 예문) 만화에 나오는 말풍선과 그림을 함께 보면 재미있어요.

◉ 낱말을 따라 써 볼까요?

말	풍	선		말	풍	선		말	풍	선		말	풍	선

◉ (   ) 안의 문장을 빈 칸에 써 볼까요?   **(말풍선을 그려 글을 썼어요)**

말풍선 낱말을 넣어 짧은 글짓기를 해 볼까요? (예) 왜 말풍선 안의 글은 머리에 쏙쏙 들어올까요?

말풍선 :

천천히

(뜻) : 움직이는 것이 급하지 않고 느리게.
(교과서 예문) 아이고 철이야. 왜 그렇게 급하게 먹니? 천천히 먹어라.

◉ 낱말을 따라 써 볼까요?

천	천	히		천	천	히		천	천	히		천	천	히

◉ (   ) 안의 문장을 빈 칸에 써 볼까요?   **(할머니는 아주 천천히 걸어요)**

천천히 낱말을 넣어 짧은 글짓기를 해볼까요? (예) 걸음마를 배운 아기가 천천히 걷기 시작했어요.

천천히 :

오염물 (뜻) : 물 · 공기 · 흙 등으로 더러워진 물질이나 물건.
(교과서 예문) 이래서 오염물이 터지게 된 걸까?

◉ **낱말을 따라 써 볼까요?**

오	염	물		오	염	물		오	염	물		오	염	물

◉ ( ) **안의 문장을 빈 칸에 써 볼까요?** **(옷에 묻은 오염물을 지웠어요)**

오염물 낱말을 넣어 짧은 글짓기를 해볼까요? (예) 텔레비전으로 오염물 처리 시설을 보았어요.

오염물 :

낭비 (뜻) : 돈 · 시간 · 물자 등을 아끼지 않고 함부로 쓰는 것.
(교과서 예문) 물을 낭비하는 모습을 본 적이 있나요?

◉ **낱말을 따라 써 볼까요?**

낭	비		낭	비		낭	비		낭	비		낭	비

◉ ( ) **안의 문장을 빈 칸에 써 볼까요?** **(우리 집은 물 낭비가 심해요)**

낭비 낱말을 넣어 짧은 글짓기를 해볼까요? (예) 돈 낭비가 심해서 용돈이 빨리 떨어졌어요.

낭비 :

누리집 (뜻) : 인터넷을 통해 정보를 제공하거나 의사 소통을 위해 만든 공간. / (교과서 예문) 우리가 자주 이용하는 인터넷의 홈페이지를 순우리말로 누리집이라고 해요.

◉ **낱말을 따라 써 볼까요?**

누	리	집		누	리	집		누	리	집		누	리	집

◉ ( ) **안의 문장을 빈 칸에 써 볼까요?** **(우수작을 누리집에서 확인해요)**

누리집 낱말을 넣어 짧은 글짓기를 해볼까요? (예) 별자리가 궁금해서 누리집을 꼼꼼하게 살펴봤어요.

누리집 :

더 해보아요

앞에서 공부한 낱말들을 떠올리며 문제를 풀어 볼까요?

1) 빈칸에 들어갈 알맞은 글자를 모두 골라 O표 해 볼까요?

(1) 어떤 사실을 널리 전달하는 수단이 되는 것을 ☐☐ 라고 해요. = 매 문 체 호 나

(2) 만화에서 대사를 써넣은 풍선 모양의 그림을 ☐☐☐ 이라고 해요. = 말 누 풍 선 집

(3) 국가와 국민의 이익을 위해 만든 광고를 ☐☐ ☐☐ 라고 해요. = 고 상 공 익 광

(4) 물 공기 흙 등으로 더러워진 물질이나 물건을 ☐☐☐ 이라고 해요. = 오 단 단 염 물

(5) 돈 · 시간 · 물자 등을 아끼지 않고 함부로 쓰는 것을 ☐☐ 라고 해요. = 낭 비 리 화 집

2) 문장에 어울리는 낱말을 (   ) 안에서 골라 O표 해 볼까요?

(1) 친구 책가방을 내 것으로 (오해하고 / 착각하고) 들고 와 버렸어요.

(2) 나는 말풍선의 글이 재미있는 (만화 / 놀이)를 많이 그릴 거예요.

3) 뜻에 알맞은 낱말이 되도록 (보기)에서 글자를 찾아 써 볼까요?

> 보기 :   공익   오염   매

(1) 어떤 사실을 널리 전달하는 수단이 되는 것. = ☐ ☐ 체

(2) 물 · 공기 · 흙 등으로 더러워진 물질이나 물건. = ☐ ☐ 물

(3) 국가와 국민의 이익을 위해 만든 광고. = ☐ ☐ 광 고

4) 낱말의 뜻을 (보기)에서 찾아 사다리를 타고 내려간 곳에 기호를 쓸까요?

㉠이야기를 간결하고 재미있게 그린 그림.　㉡돈·시간·물자 등을 아끼지 않고 함부로 쓰는 것.

㉢움직이는 것이 급하지 않고 느리게.　㉣만화에서 대사를 써넣은 풍선 모양의 그림.

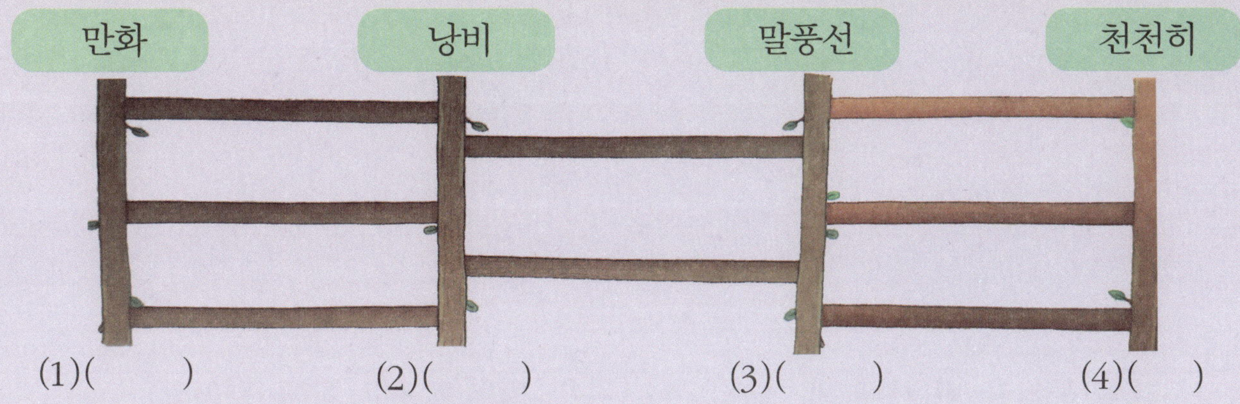

(1)(　　　)　　　(2)(　　　)　　　(3)(　　　)　　　(4)(　　　)

5) 밑줄 친 낱말의 쓰임이 알맞으면 O표, 알맞지 않으면 X표 해 볼까요?

(1)밥을 먹을 때는 <u>천천히</u> 꼭꼭 씹어 먹어야 해요. (　　　)

(2)<u>오염물</u>이 많은 냇물에서는 물고기들이 잘 놀아요. (　　　)

(3)별로 필요없는 학용품을 사는 것도 <u>낭비</u>예요. (　　　)

(4)친구와 약속한 시간을 <u>착각하고</u> 늦었으면 사과할 필요가 없어요. (　　　)

*앞에서 배운 낱말 중에 잘 알고 있는 것에 O표를 할까요?

(　　)매체 (　　)영상 (　　)공익 광고 (　　)착각하다 (　　)만화

(　　)말풍선 (　　)천천히 (　　)오염물 (　　)낭비 (　　)누리집

*오늘 있었던 일 중에서 낱말 두 가지를 정하여 짧은 글짓기를 해볼까요?

(예) 더위 : 여름이 되어서 더위가 심해졌어요. 모기가 좋아하는 계절이에요.

(1)

____

(2)

____

물건

낱말 뜻을 이해하고 낱말의 쓰임을 완벽하게 익혀볼까요?

교과서 어휘
수록 교과서 물건 2-2

발명품

(뜻) : 새로운 기술이나 물건 등을 처음으로 생각해 만든 물건.
(교과서 예문) 발명품이 필요한 사람은 누구일까요?

◉ **낱말을 따라 써 볼까요?**

발	명	품		발	명	품		발	명	품		발	명	품

◉ **(　　) 안의 문장을 빈 칸에 써 볼까요?　(우수 발명품 전시회에 갔어요)**

발명품 낱말을 넣어 짧은 글짓기를 해 볼까요? (예) 나는 세계를 놀라게 할 발명품을 만들 거예요.

발명품 :

장치

(뜻) : 목적에 맞게 일을 할 수 있도록 달거나 붙인 기계나 도구.
(교과서 예문) 아래 그림에 여러 장치를 덧붙여서 새로운 발명품을 그려 보세요.

◉ **낱말을 따라 써 볼까요?**

장	치		장	치		장	치		장	치		장	치

◉ **(　　) 안의 문장을 빈 칸에 써 볼까요?　(현관에 잠금 장치를 달았어요)**

장치 낱말을 넣어 짧은 글짓기를 해볼까요? (예) 공중 화장실 잠금 장치는 왜 자꾸 고장이 날까요?

장치 :

출발선

(뜻) : 출발하는 곳을 나타내는 선.
(교과서 예문) 출발선에 한 줄로 나란히 서요.

◉ 낱말을 따라 써 볼까요?

| 출 | 발 | 선 | | 출 | 발 | 선 | | 출 | 발 | 선 | | 출 | 발 | 선 |

◉ (   ) 안의 문장을 빈 칸에 써 볼까요? **(우리 모두 출발선에 섰어요)**

| | | | | | | | | | | | | | |

출발선 낱말을 넣어 짧은 글짓기를 해볼까요? (예) 너무 긴장해서 출발선을 먼저 넘어버렸어요.

출발선 :

대신

(뜻) : 어떤 것의 자리나 역할을 바꾸어서 맡음.
(교과서 예문) 없는 물건을 대신할 수 있는 것을 찾아볼까요?

◉ 낱말을 따라 써 볼까요?

| 대 | 신 | | 대 | 신 | | 대 | 신 | | 대 | 신 | | 대 | 신 |

◉ (   ) 안의 문장을 빈 칸에 써 볼까요? **(동생 대신 내가 야단맞았어요)**

| | | | | | | | | | | | | | |

대신 낱말을 넣어 짧은 글짓기를 해볼까요? (예) 나 대신 공부해 주는 로봇이 있으면 좋겠어요.

대신 :

학용품

(뜻) : 공책·연필·자·지우개처럼 학생이 공부할 때 쓰는 물건.
(교과서 예문) 학용품을 잘 사용하고 싶어요.

◉ 낱말을 따라 써 볼까요?

| 학 | 용 | 품 | | 학 | 용 | 품 | | 학 | 용 | 품 | | 학 | 용 | 품 |

◉ (   ) 안의 문장을 빈 칸에 써 볼까요? **(학용품을 아껴 쓰기로 했어요)**

| | | | | | | | | | | | | | |

학용품 낱말을 넣어 짧은 글짓기를 해볼까요? (예) 옛날에는 학용품이 귀해서 몽당연필도 소중했대요.

학용품 :

물건

낱말 뜻을 이해하고 낱말의 쓰임을 완벽하게 익혀볼까요?

행복하다

(뜻) : 생활에서 충분한 만족과 기쁨을 느껴 흐뭇하다.
(교과서 예문) 나를 행복하게 하는 물건을 생각해 볼까요?

◉ **낱말을 따라 써 볼까요?**

| 행 | 복 | 하 | 다 | | 행 | 복 | 하 | 다 | | 행 | 복 | 하 | 다 | |

◉ ( ) **안의 문장을 빈 칸에 써 볼까요?** **(엄마 옆에 누우면 행복해요)**

| | | | | | | | | | | | |

행복하다 낱말을 넣어 짧은 글짓기를 해 볼까요? (예) 아빠 엄마 소원은 우리 가족이 행복한 것이래요.

행복하다 :

이어달리기

(뜻) : 두 사람 이상이 일정한 거리를 맡아 차례로 배턴을 이어받으며 달리는 경기.
(교과서 예문) 훌라후프 이어달리기

◉ **낱말을 따라 써 볼까요?**

| 이 | 어 | 달 | 리 | 기 | | 이 | 어 | 달 | 리 | 기 | | |

◉ ( ) **안의 문장을 빈 칸에 써 볼까요?** **(이어달리기는 정말 긴장돼요)**

| | | | | | | | | | | | |

이어달리기 낱말을 넣어 짧은 글짓기를 해볼까요? (예) 이번 운동회에서 이어달리기는 청팀 승리예요.

이어달리기 :

성큼성큼 (뜻) : 다리를 잇따라 높이 들어 크게 떼어 놓는 모양.
(교과서 예문) 성큼성큼 걸으며 놀아 볼까요?

◉ **낱말을 따라 써 볼까요?**

| 성 | 큼 | 성 | 큼 | | 성 | 큼 | 성 | 큼 | | 성 | 큼 | 성 | 큼 | |

◉ **(　　　) 안의 문장을 빈 칸에 써 볼까요?　(우리 아빠는 성큼성큼 걸어요)**

| | | | | | | | | | | | | | | |

성큼성큼 낱말을 넣어 짧은 글짓기를 해볼까요? (예) 형은 무거운 짐을 짊어지고도 성큼성큼 걸었어요.

성큼성큼 :

전기 (뜻) : 물질 안에 있는 전자의 이동으로 생기는 에너지.
(교과서 예문) 전기를 안전하게 사용하는 방법을 알아볼까요?

◉ **낱말을 따라 씨 볼까요?**

| 전 | 기 | 전 | 기 | 전 | 기 | 전 | 기 | 전 | 기 | |

◉ **(　　　) 안의 문장을 빈 칸에 써 볼까요?　(전기는 여러모로 편리해요)**

| | | | | | | | | | | | | | | |

전기 낱말을 넣어 짧은 글짓기를 해볼까요? (예) 천둥과 번개가 요란하게 터지더니 전기가 나갔어요.

전기 :

화재 (뜻) : 불로 인한 재난.
(교과서 예문) 화재는 예방이 최고

◉ **낱말을 따라 써 볼까요?**

| 화 | 재 | 화 | 재 | 화 | 재 | 화 | 재 | 화 | 재 | |

◉ **(　　　) 안의 문장을 빈 칸에 써 볼까요?　(산에 화재가 나서 다 탔어요)**

| | | | | | | | | | | | | | | |

화재 낱말을 넣어 짧은 글짓기를 해볼까요? (예) 동네에 화재가 나서 소방차가 세 대나 달려왔어요.

화재 :

더 해보아요

앞에서 공부한 낱말들을 떠올리며 문제를 풀어 볼까요?

1) 낱말에 맞는 뜻을 찾아 선을 긋고 (　　)에 번호를 써 볼까요?

(1)발명품 (　　) ·　　　　　　·①물질 안에 있는 전자의 이동으로 생기는 에너지.

(2)장치　 (　　) ·　　　　　　·②새로운 기술이나 물건 등을 처음으로 생각해 만든 물건.

(3)출발선 (　　) ·　　　　　　·③목적에 맞게 일을 할 수 있도록 달거나 붙인 기계나 도구.

(4)전기　 (　　) ·　　　　　　·④출발하는 곳을 나타내는 선.

(5)화재　 (　　) ·　　　　　　·⑤불로 인한 재난.

2) 뜻에 알맞은 낱말을 글자판에서 찾아 묶고 (　　)에 써 볼까요?

(낱말을 가로, 세로 방향으로 찾으면 되어요)

대	신	화	출
성	큼	재	발
전	성	기	선
행	복	하	다

(1)어떤 것의 자리나 역할을 바꾸어서 맡음. (　　　　　)

(2)불로 인한 재난. (　　　　　)

(3)출발하는 곳을 나타내는 선. (　　　　　)

(4)생활에서 충분한 만족과 기쁨을 느껴 흐뭇하다. (　　　　　)

3) 문장에 들어갈 알맞은 낱말을 (보기)에서 찾아 (　　)에 써 볼까요?

보기 :　　발명품　　학용품　　이어달리기　　행복　　성큼성큼

(1)에디슨이 만든 (　　　　　　)은 엄청나게 많아요.

(2)운동회에서 (　　　　　　)를 하면서 넘어지고 말았어요.

(3)할머니는 학교 다닐 때 (　　　　　　)이 귀해서 몽당연필도 아껴 썼대요.

(4)강아지가 개껌을 먹으면서 (　　　　　　)한 표정을 지었어요.

(5)우리 아빠처럼 (　　　　　　) 걸어보았어요.

4) 문장에 어울리는 낱말을 (   ) 안에서 골라 O표 해 볼까요?

(1)

(2)

5) 뜻에 알맞은 낱말이 되도록 (보기)에서 글자를 찾아 써 볼까요?

보기 :   출   명   장   대

(1) 새로운 기술이나 물건 등을 처음으로 생각해 만든 물건. = 발 ☐ 품

(2) 목적에 맞게 일을 할 수 있도록 달거나 붙인 기계나 도구. = ☐ 치

(3) 출발하는 곳을 나타내는 선. = ☐ 발 선

(4) 어떤 것의 자리나 역할을 바꾸어서 맡음. = ☐ 신

*앞에서 배운 낱말 중에 잘 알고 있는 것에 O표를 할까요?

(   )발명품 (   )장치 (   )출발선 (   )대신 (   )학용품 (   )행복하다
(   )이어달리기 (   )성큼성큼 (   )전기 (   )화재

*오늘 있었던 일 중에서 낱말 두 가지를 정하여 짧은 글짓기를 해볼까요?

(예) 전기 : 갑자기 전기가 나갔어요. 사방이 깜깜해져서 깜짝 놀랐어요.

(1)

(2)

받아쓰기를 해보아요

앞에서 배운 단어를 떠올리며 맞는 낱말에 O표 하고 문장을 따라 써 볼까요?

1) 누나가 피아노를 (가르쳐 / 가리켜) 준대요.

2) 그 일은 칭찬을 (바래고 / 바라고) 한 행동이 아니었어요.

3) 옷 색깔이(바래서 / 바라서) 버려야 해요.

4) 무거운 짐이 있어도 승강기를 타면 (펼리 / 편리)해요.

5) 나는 (개절 / 계절) 중에서 가을이 좋아요.

6) 로봇을 완성하려면 (몇일 / 며칠)이 걸릴 것 같아요.

7) 저축에 관한 (공익 강고 / 공익 광고)를 보았어요.

8) 할머니가 (천천히 / 천천이) 걸으라고 하셨어요.

9) 강 주변으로 (오엄물 / 오염물)이 많이 쌓였어요.

10) 나도 에디슨처럼 많은 (발명품 / 발명픔)을 만들 거예요.

11) 형이 (성쿰성쿰 / 성큼성큼) 걸어갔어요.

12) 전기를 잘못 사용해서 (화재 / 화제)가 났대요.

몇 개 맞았나요?

⟨어린왕자와 사막여우를 만나러 가요⟩
공부한 낱말이 들어간 동화를 읽으며 내용에 맞는 낱말에 O표 해 볼까요?

왕이 다녀간 뒤에 어린왕자는 다른 별의 소식이 궁금했어요.

"좋은 생각이 났어. 추억을 많이 만들 기회야. 이번에는 다른 별을 구경시켜 줄게. 사막여우 네 생각은 어때?"

어린왕자 말에 사막여우는 시무룩해지고 말았어요. 어린왕자가 살던 별로 돌아가려고 뭔가를 1)(중비 / 준비)하고 있다는 생각이 들었거든요. 그래도 아무 표현 없이 2)(성큼성큼 / 성쿰성쿰) 앞장섰어요.

어린왕자도 사막여우가 무슨 생각을 하는지 눈치챘지만 아무 말도 묻지 않고 3)(천천히 / 천천이) 뒤를 따라나섰어요.

둘이 도착한 곳은 정말 작은 별이었어요. 가로등 하나와 남자 한 명이 있을 자리밖에 없을 정도로 작았어요.

"너희 때문에 너무 비좁아. 그리고 난 바빠서 놀아줄 시간이 없는데 왜 찾아왔지? 빨리 하고 싶은 말을 하고 떠나도록!"

남자는 말을 하는 도중에도 쉬지 않고 가로등을 켰다 끄기를 반복했어요.

"이곳을 다녀갔던 추억이 떠올라서요. 4)(개절 / 계절)이 바뀌어도 당신은 조금도 변하지 않았군요."

어린왕자는 가로등을 켰다 껐다 하느라 숨 돌릴 틈도 없어 보이는 남자를 보며 말했어요. 잠시 쉬던 남자는 벌떡 5)(이러나 / 일어나) 가로등을 끄며 소리쳤어요.

"너희 때문에 까닥했으면 가로등을 못 끌 뻔 했잖아. 가능하면 나한테 아무 말도 걸지 말도록!"

사막여우는 헉헉거리며 일을 하는 남자가 딱했어요.

"나한테 당신이 하는 일을 6)(가리켜 / 가르쳐)줘요. 내가 해 볼게요."

"이 일은 나 말고는 아무도 할 수가 없어. 스위치 방향을 7)(그분 / 구분)하는 일도 쉽지 않으니까."

남자는 도움을 8)(바라지 / 봐라지) 않는다는 표정으로 고개를 저었어요.

"스위치를 9)(펼이하게 / 편리하게) 만들면 시간 낭비도 않고 일할 수 있을 것 같은데요."

"이 스위치는 많은 10)(발명품 / 발명픔) 중에서 구조가 가장 복잡하단다."

남자는 어린왕자의 11) (의견 / 의견)을 무시했어요.
“사막여우한테 일을 맡겨 보는 것은 어떨까요? 실패하더라도 도전해 보는 것이 나으니까요”
“자칫 잘못했다가는 12) (화제 / 화재)가 날 수도 있어.”
“스위치의 원리를 13) (아라보고 / 알아보고) 조사해 본 적이 있나요?”
남자는 눈살을 찌푸리며 어린왕자의 14) (무름 / 물음)을 또 무시했어요. 그래도 어린왕자와 사막여우는 포기하지 않았어요.
“우리는 15) (며칠 / 몇일) 안 자도 괜찮아요. 작은 도움이라도 주고 싶어요.”
사막여우가 진심으로 말했어요.
“그렇게 해요. 우리가 실패하면 다시는 누구에겐가 안 맡기면 되니까요.”
“안된다니까! 이 일은 나 아니면 절대 안 돼! 그러니까……”
남자는 화를 냈어요. 하지만 너무 피곤해서 말이 끝나기도 전에 그대로 쓰러져 잠이 들고 말았어요.
“깨우지 말자. 어린왕자 네가 해 뜨는 시간에 가로등을 꺼. 나는 해가 지면 켤게.”
사막여우는 16) (행복 / 헹복)한 표정을 감추지 못했어요. 누군가를 도와준다는 사실이 퍽 뿌듯했거든요. 어린왕자도 신이 났고요.
어린왕자는 동쪽, 사막여우는 서쪽에서 가로등을 켜고 끄기를 반복했어요. 워낙 별이 작아서 그 일은 잠시도 쉴 틈이 없었어요.
“꼭 17) (이어달리기 / 이어달이기)를 하는 것 같아. 쉬지 않고 일하는 건 쉬운 일이 아니야.”
사막여우는 잠든 남자를 바라보며 소곤소곤 말했어요. 남자는 아주 편안한 표정으로 깊이 잠들어 있었어요.

(나도 작가) 여러분이 그다음 이야기를 지어 볼까요?

사막여우 :

어린왕자 :

◉어린왕자와 사막여우 동화로 독해 실력을 높여 볼까요?

1) 어린왕자는 왜 사막여우에게 다른 별도 구경시켜 주고 싶었나요? (   )
(1)사막여우에게 자랑하고 싶어서
(2)사막여우와 추억을 많이 만들고 싶어서
(3)사막여우가 어린왕자에게 부탁을 해서
(4)가로등을 켜는 남자의 소식이 궁금해서

2) 이번에 어린왕자와 사막여우가 찾아 간 별은 어디인가요? (   )
(1)가로등을 껐다 켜기를 반복하는 남자가 사는 작은 별
(2)가로등이 자동으로 켜지고 꺼지는 작은 별
(3)너무 넓어서 남자 혼자 꾸릴 수 없는 큰 별
(4)하루종일 어두워서 가로등을 켜두어야 하는 별

3) 이 글의 남자를 제대로 설명한 친구는 누구일까요? (   )
지혜 : "남자는 하루 종일 가로등을 켰다 끄는 일을 반복하고 있어."
만수 : "남자는 편안하게 쉬면서 일을 하고 있어."
수호 : "남자는 아주 부지런해서 일을 몹시 즐기고 있어."
민희 : "남자는 그 일을 그만하고 싶어해."

4) 이 글에서 남자의 성격을 모두 골라 볼까요? (   )
(1)부지런하다.
(2)책임감이 강하다.
(3)남의 도움을 원한다.
(4)피곤하고 지쳐 있다.

5) 남자는 왜 남에게 일을 맡기지 않으려고 하나요? (   )
(1)자기 별의 비밀을 지키고 싶어서
(2)가로등을 켜고 끄는 일은 자신 외에는 아무도 할 수 없다고 생각해서
(3)다른 사람이 복잡한 스위치를 고장 낼까 봐 염려스러워서
(4)쉬지 않고 일하는 것이 쉬운 일이 아니라는 것을 알려 주고 싶어서

 (정답) 1)(2) / 2)(1) / 3)(지혜) / 4)(1,2,4) / 5)(2)

〈문해 실력이 쑥쑥쑥〉 

◉어린왕자와 사막여우 동화로 문해 실력을 높여 볼까요?

1) 이 글의 내용이 아닌 것은 무엇인가요? (　　)
 (1)어린왕자는 사막여우에게 좋은 추억을 남겨주려고 한다.
 (2)이 글에 나오는 남자는 쉬지 않고 일만 할 줄 안다.
 (3)어린왕자와 사막여우는 남자가 조금이라도 쉬게 하고 싶다.
 (4)어린왕자는 이 별을 여행한 뒤에 사막여우와 헤어질 것이다.

2) 작은 도움이라도 주고 싶어 하는 사막여우의 속 뜻은 무엇인가요? (　　)
 (1)지친 남자를 조금이라도 쉬게 하고 싶어서
 (2)남자가 하는 일이 재미있어 보여서
 (3)이곳에 다시 올 수 없을 것 같아서
 (4)힘든 사람을 도와주면 고마워할 것 같아서

**3) '사막여우는 헉헉거리며 일을 하는 남자가 딱했어요.'라고 한 내용에서
 '딱하다'는 어떤 느낌을 뜻하는 말인가요? (　　)**
 (1)남자가 일을 너무 잘해서 부럽다.
 (2)남자가 힘들게 일하는 모습이 불쌍하고 안타깝다.
 (3)남자가 하는 일이 너무 신기하고 재미있다.
 (4)남자가 화를 내는 모습이 무섭고 싫다.

4) 이 글의 남자와 같은 성격의 친구를 잘 타이른 친구는 누구일까요? (　　)
 지혜 : "넌 뭐든 빈틈없이 잘해내지만 간혹은 여유를 즐겼으면 좋겠어."
 만수 : "너는 그 일밖에 할 줄 몰라서 바보 같아."
 수호 : "그 일은 네가 아니어도 누군가 얼마든지 할 수 있어."
 민희 : "지겹지도 않니? 일하는 네 모습을 보는 나도 지겨워."

5) 사막여우가 일을 도우며 행복한 표정을 지은 이유가 무엇인가요? (　　)
 (1)가로등의 스위치 원리를 쉽게 알게 되어서
 (2)어린왕자와 함께 누군가를 도와줄 수 있어서
 (3)어려운 일을 해보는 것이 사막여우의 꿈이어서
 (4)가로등 켜고 끄는 일이 이어달리기 만큼 재미있어서

글을 읽고 어떤 속담이 맞는지 보기에서 골라 (　　) 안에 써 볼까요?

보기

- **벼 이삭은 익을수록 고개를 숙인다.** (지혜롭고 겸손한 사람은 잘난 척을 하지 않는다는 뜻)
- **산에 가야 범을 잡고 물에 가야 고기를 잡는다.** (목적의 방향에 맞춰 최선을 다해야 뜻을 이룰 수 있다는 뜻)
- **서당 개 삼 년에 풍월을 읊는다.** (누구라도 꾸준히 하면 뛰어나지는 못하여도 어느 정도는 할 수 있다는 뜻)
- **열 번 찍어 안 넘어가는 나무 없다.** (아무리 어려운 일도 포기하지 않고 꾸준히 노력하면 성공할 수 있다는 뜻)
- **양지가 음지 되고 음지가 양지 된다.** (세상일은 변하므로 언제든지 처지가 바뀔 수 있다는 뜻)

그림 작가인 '팔레트'는 항상 그림을 대충 그렸어요. 그러면서도 자신의 그림 실력이 최고라고 떠벌렸어요. 어느 날, 훌륭한 화가인 '붓꽃' 선생님을 만났어요. 선생님의 그림은 정말 뛰어났지만, 언제나 조용하고 겸손했어요. 팔레트가 "선생님은 그림을 정말 잘 그려요. 그런데 왜 한 번도 자랑을 하지 않으세요?" 하고 묻자 붓꽃 선생님이 벼 이삭을 가리켰어요. "잘 익은 벼 이삭들은 고개를 숙였지만 속이 텅 빈 이삭들은 고개를 쳐들고 있구나. 너 자신은 잘 익은 벼 이삭인지 덜 익은 벼 이삭인지 잘 생각해 보렴." 팔레트는 몹시 부끄러웠어요. 진정한 실력자는 겉으로 드러내 자랑하는 것이 아니라 보이지 않는 곳에서 꾸준히 노력하여 실력을 키운다는 사실을 알았거든요.

1) ___________________________

너구리 '찌롱이'는 근사한 낚시 도구를 마련했어요. 하지만 낚시하러 강에 간 적은 한 번도 없어요. 항상 '강에 안 가도 고기를 잡을 방법이 없을까?' 그런 생각만 했어요. 어느 날, 낚시를 잘하는 너구리 할아버지한테 "어떻게 하면 쉽게 고기를 잡을 수 있죠?" 하고 물었어요. "찌롱아, 제아무리 좋은 사냥총이 있어도 산에 가지 않으면 범을 잡을 수 없겠지?" 그 말에 찌롱이는 깨달았어요. 근사한 낚시 도구가 있어도 강으로 가지 않으면 물고기를 잡을 수 없다는 것을요. 다음 날, 찌롱이는 아침 일찍 낚싯대를 챙겨 강으로 갔어요. 그리고 마침내 낚싯대가 휘청~ 아주 크고 싱싱한 물고기를 잡았어요. 낚시 도구를 들고 강으로 오지 않았다면 절대 불가능한 일이었죠.

2) ___________________________

서당의 마당을 지키는 강아지 '삼년이'는 할 줄 아는 것이 별로 없어요. 고작 꾸벅꾸벅 졸거나, 파리를 잡는 것밖에 할 줄 모르죠. 아이들은 아침저녁으로 "하늘 천! 따 지!" 큰 소리로 글을 읽었어요. 삼년이는 그 소리를 아침에도 듣고 저녁에도 듣고, 잠꼬대로도 듣고, 놀면서도 들었어요. 쉬지 않고 들었어요. 애들만큼 빠르게 배우지는 못했지만 삼년이도 차츰차츰 천자문을 익혔어요. 그렇게 3년이 지났어요. 어느 날, 훈장님이 "누가 글을 읽어보겠느냐?" 하고 물었어요. 그 말에 삼년이는 벌떡 일어나 "하늘 천 따지!" 크게 천자문을 외웠어요. 삼년이가 천자문을 외우다니! 모두 깜짝 놀랐어요. "서당 개 삼년이가 3년 동안 공부를 하니 풍월을 읊는구나!"

3) [   ]

아기 다람쥐 '다다'는 나무타기 대회에서 일등을 하고 싶었어요. 그러려면 아주 높은 '으뜸나무'를 올라야 해요. 친구들이 "으뜸나무는 오르려는 누군가를 절대 가만두지 않아. 어떻게든 떨어뜨려." 하며 말렸어요. 그래도 다다는 포기하지 않고 으뜸나무 오르기에 도전했어요. 넘어지고, 까지고, 몸이 흙투성이가 되었어요. 아슬아슬하게 꼭대기에 닿으려는 순간, 으뜸나무는 다다를 다시 내동댕이쳤어요. 아홉 번째 오를 때는 힘이 빠져서 움직일 수도 없었어요. 열 번째! 다다는 온 힘을 다해 으뜸나무에 매달렸어요. 으뜸나무는 어떻게든 다다를 떨어뜨리려 했지만 소용없었어요. 마침내 다다는 으뜸나무의 꼭대기에 닿았어요. "다다가 으뜸나무를 열 번이나 도전하더니 성공했어!"

4) [   ]

시금치 '파릇'이는 햇볕이 잘 드는 양지에서 자라고, 당근인 '당당'은 이파리가 무성한 나무 밑에서 자랐어요. 파릇이는 틈만 나면 "넌 나무 밑의 음지라서 춥겠다. 난 양지라 참 따뜻해." 하며 당당이를 약올렸어요. 그러거나 말거나 당당이는 뿌리를 깊숙이 내리고, 좋은 영양분을 빨아들이려고 노력했죠. 장마가 시작되자 비가 억수같이 쏟아졌어요. 파릇이와 나무는 거센 물살을 못 이기고 떠내려 갔어요. 하지만 당당이는 단단하게 내린 뿌리 덕분에 끄떡없이 자리를 지켰어요. 폭우가 그치자, 햇볕은 당당이를 따뜻하게 보듬어 주었어요. 나무 아래 음지에서만 살았던 당당이는 이젠 따뜻한 양지에서 지낼 수 있게 되었어요.

5) [   ]

교과서 어휘력이 문해력의 시작이다!

- 한글의 어휘력 · 독해력 · 문해력을 그만 무시!
- 어휘력 · 독해력 · 문해력 실력은 모든 학업의 기본!
- 어휘력 · 독해력 · 문해력을 해결하려면 낱말 반복 복습부터 시작!
- 초등학교 교과서의 어휘력 · 독해력 · 문해력 해결은 명문대 입학의 지름길!

1회
국어 교과서 어휘

거짓말 / 모둠 / 반려견 / 중심 / 책임 /
자신감 / 보살피다 / 매일매일 / 편안하다 /
댓글

공부한 날 (　)월 (　)일

2회
수학 교과서 어휘

승강기 / 팔찌 / 모빌 / 이어지다 / 각자 /
출구 / 동작 / 식습관 / 기록하다 / 소감

공부한 날 (　)월 (　)일

3회
국어 교과서 어휘

작가 / 되돌아보다 / 등굣길 / 뒤따라오다 /
다행히 / 뽀드득 / 들길 / 발자국 /
겨루다 / 호흡

공부한 날 (　　)월 (　　)일

4회
기억 교과서 어휘

돌아보다 / 아쉽다 / 기다리다 / 흔들다 /
부딪치다 / 승리 / 곧다 / 살짝 / 띄우다 /
깡충깡충

공부한 날 (　　)월 (　　)일

· 더 해보아요
· 받아쓰기를 해보아요
· 어린왕자와 사막여우를 만나러 가요
· 독해력이 쑥쑥쑥
· 문해력이 쑥쑥쑥
· 속담 실력이 쑥쑥쑥

6. 내 생각은 이래요

낱말 뜻을 이해하고 낱말의 쓰임을 완벽하게 익혀볼까요?

거짓말

(뜻) : 남을 속이려고 사실이 아닌 것을 사실인 것처럼 꾸며서 하는 말.
(교과서 예문) 친구끼리 거짓말을 하지 말자고 말하고 싶은 것 같아.

⊙ **낱말을 따라 써 볼까요?**

거	짓	말		거	짓	말		거	짓	말		거	짓	말

⊙ **(   ) 안의 문장을 빈 칸에 써 볼까요?   (어제 한 거짓말이 들통났어요)**

거짓말 낱말을 넣어 짧은 글짓기를 해 볼까요? (예) 동생은 거짓말을 해 놓고 안 했다고 딱 잡아뗐어요.

거짓말 :

모둠

(뜻) : 어떤 활동을 단체로 하기 위해 사람을 몇 명씩 묶어 만든 모임.
(교과서 예문) 우리 모둠 활동 규칙을 무엇으로 정하면 좋을까?

⊙ **낱말을 따라 써 볼까요?**

모	둠		모	둠		모	둠		모	둠		모	둠

⊙ **(   ) 안의 문장을 빈 칸에 써 볼까요?   (다섯 명씩 모둠을 짰어요)**

모둠 낱말을 넣어 짧은 글짓기를 해볼까요? (예) 모둠 활동 규칙을 정했어요.

모둠 :

반려견

(뜻) : 한 가족처럼 함께 살아가는 개.
(교과서 예문) 글쓴이의 생각을 파악하며 『반려견을 사랑한다면』을 읽어 봅시다.

◉ 낱말을 따라 써 볼까요?

| 반 | 려 | 견 | | 반 | 려 | 견 | | 반 | 려 | 견 | | 반 | 려 | 견 |

◉ ( ) 안의 문장을 빈 칸에 써 볼까요? **(나도 반려견을 키우고 싶어요)**

| | | | | | | | | | | | | |

반려견 낱말을 넣어 짧은 글짓기를 해볼까요? (예) 옆집 할머니는 반려견을 두 마리나 키워요.

반려견 :

중심

(뜻) : 한가운데.
(교과서 예문) 여러 중심 생각이 모이면 글 전체의 생각이 돼요.

◉ 낱말을 따라 써 볼까요?

| 중 | 심 | | 중 | 심 | | 중 | 심 | | 중 | 심 | | 중 | 심 |

◉ ( ) 안의 문장을 빈 칸에 써 볼까요? **(글의 중심 내용을 생각했어요)**

| | | | | | | | | | | | | |

중심 낱말을 넣어 짧은 글짓기를 해볼까요? (예) 중심을 잘 잡으면 절대 넘어지지 않아요.

중심 :

책임

(뜻) : 맡아서 해야 될 일이나 의무. / (교과서 예문) 생각을 나타내는 상황을 떠올리며
『왜 책임이 필요하죠?』를 읽어 봅시다.

◉ 낱말을 따라 써 볼까요?

| 책 | 임 | | 책 | 임 | | 책 | 임 | | 책 | 임 | | 책 | 임 |

◉ ( ) 안의 문장을 빈 칸에 써 볼까요? **(책임지고 동생을 돌보았어요)**

| | | | | | | | | | | | | |

책임 낱말을 넣어 짧은 글짓기를 해볼까요? (예) 책임 못 질 약속은 하지 말아야 해요.

책임 :

6. 내 생각은 이래요

낱말 뜻을 이해하고 낱말의 쓰임을 완벽하게 익혀볼까요?

자신감

(뜻) : 스스로 어떤 일을 할 수 있다고 믿는 마음.
(교과서 예문) 규빈이의 얼굴엔 자신감이 가득했어요.

◉ 낱말을 따라 써 볼까요?

자	신	감		자	신	감		자	신	감		자	신	감

◉ (　) 안의 문장을 빈 칸에 써 볼까요?　(자신감을 갖고 빨리 뛰었어요)

자신감 낱말을 넣어 짧은 글짓기를 해 볼까요? (예) 동생은 자신감이 넘쳐서 항상 앞장을 서요.

자신감 :

보살피다

(뜻) : 정성을 기울여 돌보다.
(교과서 예문) 병아리를 키우는 것은 좋지만 책임지고 보살필 누군가가 필요해요.

◉ 낱말을 따라 써 볼까요?

보	살	피	다		보	살	피	다		보	살	피	다

◉ (　) 안의 문장을 빈 칸에 써 볼까요?　(엄마는 항상 우리를 보살펴요)

보살피다 낱말을 넣어 짧은 글짓기를 해볼까요? (예) 나는 강아지를 보살필 자신이 있어요.

보살피다 :

매일매일 (뜻) : 하루도 빠짐없이 날마다.

(교과서 예문) 매일매일 병아리를 책임지고 보살필 돌보미를 정하면 돼요.

◉ 낱말을 따라 써 볼까요?

| 매 | 일 | 매 | 일 | | 매 | 일 | 매 | 일 | | 매 | 일 | 매 | 일 | |

◉ (   ) 안의 문장을 빈 칸에 써 볼까요?   **(매일매일 아침 운동을 해요)**

| | | | | | | | | | | | |

매일매일 낱말을 넣어 짧은 글짓기를 해볼까요? (예) 아빠는 매일매일 할머니께 전화를 드려요.

매일매일 :

편안하다 (뜻) : 몸과 마음이 아무 어려움이 없이 좋다. / (교과서 예문) 글을 완벽하게 써야

한다는 부담을 느끼지 말고 편안한 마음으로 쓸 내용을 떠올려 봐요.

◉ 낱말을 따라 써 볼까요?

| 편 | 안 | 하 | 다 | | 편 | 안 | 하 | 다 | | 편 | 안 | 하 | 다 | |

◉ (   ) 안의 문장을 빈 칸에 써 볼까요?   **(편안한 자세로 의자에 앉아요)**

| | | | | | | | | | | | |

편안하다 낱말을 넣어 짧은 글짓기를 해볼까요? (예) 엄마 옆에 있으면 언제나 편안해요.

편안하다 :

댓글 (뜻) : 인터넷에 쓰여진 글에 짤막하게 올리는 답이나 의견.

(교과서 예문) 댓글 알림판에 댓글을 붙여 보세요.

◉ 낱말을 따라 써 볼까요?

| 댓 | 글 | | 댓 | 글 | | 댓 | 글 | | 댓 | 글 | | 댓 | 글 |

◉ (   ) 안의 문장을 빈 칸에 써 볼까요?   **(친구의 댓글 알림판을 봤어요)**

| | | | | | | | | | | | |

댓글 낱말을 넣어 짧은 글짓기를 해볼까요? (예) 누나가 자기가 쓴 글에 댓글이 달렸다며 자랑했어요.

댓글 :

더 해보아요

앞에서 공부한 낱말들을 떠올리며 문제를 풀어 볼까요?

1) 낱말의 뜻이 알맞으면 O표, 알맞지 않으면 X표 해 볼까요?

(1) 거짓말 — 남을 속이려고 사실만 말하는 것. ( )

(2) 모둠 — 어떤 활동을 단체로 하기 위해 사람을 몇 명씩 묶어 만든 모음. ( )

(3) 보살피다 — 정성을 기울여 돌보다. ( )

(4) 매일매일 — 하루도 빠짐없이 날마다. ( )

(5) 편안하다 — 몸과 마음에 많은 어려움이 있어서 안 좋다. ( )

2) 빈칸에 들어갈 알맞은 글자를 모두 골라 O표 해 볼까요?

(1) 한 가족처럼 함께 살아가는 개를 □□□ 이라고 해요. = 반 자 려 감 견

(2) 한가운데를 □□ 이라고 해요. = 신 자 중 감 심

(3) 맡아서 해야 할 일이나 의무를 □□ 이라고 해요. = 임 중 책 국 심

(4) 스스로 어떤 일을 할 수 있다고 믿는 마음을 □□□ 이라고 해요. = 임 자 감 신 심

(5) 인터넷 글에 짧게 올리는 답이나 의견을 □□ 이라고 해요. = 하 댓 글 루 심

3) 밑줄 친 낱말과 뜻이 비슷한 말은 무엇일까요? (   )

(1)가꾸다.
(2)노력하다.
(3)보호하고 돕다.
(4)안아주다.
(5)쓰다듬다.

4) 뜻에 알맞은 낱말을 (보기)에서 글자를 찾아 써 볼까요?

보기 :   댓   책   자신   둠   반려

(1) 어떤 활동을 단체로 하기 위해 사람을 몇 명씩 묶어 만든 모임. = 모 [ ]

(2) 한 가족처럼 함께 살아가는 개. = [ ][ ] 견

(3) 맡아서 해야 할 일이나 의무. = [ ] 임

(4) 스스로 어떤 일을 할 수 있다고 믿는 마음. = [ ] 감

(5) 인터넷에 쓰여진 글에 짤막하게 올리는 답이나 의견. = [ ] 글

*앞에서 배운 낱말 중에 잘 알고 있는 것에 O표를 할까요?

(   )거짓말 (   )모둠 (   )반려견 (   )중심 (   )책임 (   )자신감

(   )보살피다 (   )매일매일 (   )편안하다 (   )댓글

*오늘 있었던 일 중에서 낱말 두 가지를 정하여 짧은 글짓기를 해볼까요?

(예) 짝꿍 : 오늘은 짝꿍을 바꾸는 날이에요. 아침부터 가슴이 설레였어요.

(1)

(2)

6. 규칙 찾기

낱말 뜻을 이해하고 낱말의 쓰임을 완벽하게 익혀볼까요?

승강기

(뜻) : 높은 건물 등에서 사람이나 짐을 아래위로 나르는 자동 시설.
(교과서 예문) 승강기 단추에서 규칙을 찾아봐요.

⊙ **낱말을 따라 써 볼까요?**

승	강	기		승	강	기		승	강	기		승	강	기

⊙ ( ) 안의 문장을 빈 칸에 써 볼까요? **(승강기 단추가 스무 개였어요)**

승강기 낱말을 넣어 짧은 글짓기를 해 볼까요? (예) 아파트 승강기 수리를 해서 사용하지 못해요.

승강기 :

팔찌

(뜻) : 팔목에 끼는 장신구.
(교과서 예문) 수학 교실에서 팔찌를 만들었어.

⊙ **낱말을 따라 써 볼까요?**

팔	찌		팔	찌		팔	찌		팔	찌		팔	찌	

⊙ ( ) 안의 문장을 빈 칸에 써 볼까요? **(생일 선물로 팔찌를 받았어요)**

팔찌 낱말을 넣어 짧은 글짓기를 해볼까요? (예) 엄마가 잃어버린 팔찌를 아빠가 찾았어요.

팔찌 :

모빌

(뜻) : 철사나 실로 쇳조각이나 나뭇조각 등을 공중에 매달아 움직이게 만든 것.
(교과서 예문) 나는 회오리 모빌을 만들어 봤어.

⊙ 낱말을 따라 써 볼까요?

| 모 | 빌 | | 모 | 빌 | | 모 | 빌 | | 모 | 빌 | | 모 | 빌 | |

⊙ (　　　) 안의 문장을 빈 칸에 써 볼까요?　**(별 모양의 모빌을 만들었어요)**

| | | | | | | | | | | | | | | |

모빌 낱말을 넣어 짧은 글짓기를 해볼까요? (예) 아기는 천장에서 돌아가는 모빌이 신기한가 봐요.

모빌 :

- -

이어지다

(뜻) : 무엇이 끊기지 않고 연결되다.
(교과서 예문) 2개씩 늘어나고 있으니까 다음에 이어질 모양은…….

⊙ 낱말을 따라 써 볼까요?

| 이 | 어 | 지 | 다 | | 이 | 어 | 지 | 다 | | 이 | 어 | 지 | 다 | |

⊙ (　　　) 안의 문장을 빈 칸에 써 볼까요?　**(털실을 이어서 장갑을 짰어요)**

| | | | | | | | | | | | | | | |

이어지다 낱말을 넣어 짧은 글짓기를 해볼까요? (예) 시골 길이 끝없이 이어졌어요.

이어지다 :

- -

각자

(뜻) : 여러 사람을 하나씩 떼어 놓은 한 사람 한 사람.
(교과서 예문) 세로의 수는 각자 규칙을 정해 써 볼까?

⊙ 낱말을 따라 써 볼까요?

| 각 | 자 | | 각 | 자 | | 각 | 자 | | 각 | 자 | | 각 | 자 | |

⊙ (　　　) 안의 문장을 빈 칸에 써 볼까요?　**(각자 해야 될 일을 챙겼어요)**

| | | | | | | | | | | | | | | |

각자 낱말을 넣어 짧은 글짓기를 해볼까요? (예) 바다로 놀러 가는데 필요한 물건은 각자 챙겼어요.

각자 :

6. 규칙 찾기

낱말 뜻을 이해하고 낱말의 쓰임을 완벽하게 익혀볼까요?

4주차 **2**

출구

(뜻) : 밖으로 나가는 곳.
(교과서 예문) 출구 번호를 찾는 방법을 이야기해 봅시다.

◉ **낱말을 따라 써 볼까요?**

| 출 | 구 | | 출 | 구 | | 출 | 구 | | 출 | 구 | | 출 | 구 | |

◉ **( ) 안의 문장을 빈 칸에 써 볼까요?   (비상 출구 방향을 알아뒀어요)**

| | | | | | | | | | | | |

출구 낱말을 넣어 짧은 글짓기를 해 볼까요? (예) 동생이 양팔을 벌리고 출구를 막았어요.

출구 :

동작

(뜻) : 몸을 움직이는 것.
(교과서 예문) 동작과 소리로 재미있는 규칙을 만들어 볼까요?

◉ **낱말을 따라 써 볼까요?**

| 동 | 작 | | 동 | 작 | | 동 | 작 | | 동 | 작 | | 동 | 작 | |

◉ **( ) 안의 문장을 빈 칸에 써 볼까요?   (가수의 동작을 따라 해 봤어요)**

| | | | | | | | | | | | |

동작 낱말을 넣어 짧은 글짓기를 해볼까요? (예) 체조의 마지막 동작은 가볍게 뛰기였어요.

동작 :

식습관

(뜻) : 음식을 먹는 버릇.
(교과서 예문) 우리가 생각하는 바른 식습관은 무엇인지 알아봅시다.

◉ 낱말을 따라 써 볼까요?

식 습 관   식 습 관   식 습 관   식 습 관

◉ (   ) 안의 문장을 빈 칸에 써 볼까요?   **(우리 가족은 식습관이 같아요)**

식습관 낱말을 넣어 짧은 글짓기를 해볼까요? (예) 엄마는 올바른 식습관을 익히라고 늘 말씀하세요.

식습관 :

기록하다

(뜻) : 생각이나 사실을 적는 것.
(교과서 예문) 바른 식습관을 실천하고 기록해 봅시다.

◉ 낱말을 따라 써 볼까요?

기 록 하 다   기 록 하 다   기 록 하 다

◉ (   ) 안의 문장을 빈 칸에 써 볼까요?   **(호랑나비를 관찰해 기록했어요)**

기록하다 낱말을 넣어 짧은 글짓기를 해볼까요? (예) 내 키가 얼마나 자랐는지 매달 기록했어요.

기록하다 :

소감

(뜻) : 마음으로 느낀 생각.
(교과서 예문) 바른 식습관 실천 소감을 이야기해 보세요.

◉ 낱말을 따라 써 볼까요?

소 감   소 감   소 감   소 감   소 감

◉ (   ) 안의 문장을 빈 칸에 써 볼까요?   **(내가 여행 소감을 발표했어요)**

소감 낱말을 넣어 짧은 글짓기를 해볼까요? (예) 금메달을 딴 선수가 씩씩하게 소감을 말했어요.

소감 :

더 해보아요

앞에서 공부한 낱말들을 떠올리며 문제를 풀어 볼까요?

1) 뜻에 알맞은 낱말을 (보기)에서 찾아 (   )에 써 볼까요?

> 보기 : 기록하다   승강기   각자   모빌   이어지다

(1)높은 건물 등에서 사람이나 짐을 아래위로 나르는 자동 시설. (   )

(2)철사나 실로 쇳조각이나 나뭇조각 등을 공중에 매달아 움직이게 만든 것. (   )

(3)무엇이 끊기지 않고 연결되다. (   )

(4)여러 사람을 하나씩 떼어 놓은 한 사람 한 사람. (   )

(5)생각이나 사실을 적는 것. (   )

2) 낱말에 알맞는 뜻을 찾아 선을 긋고 (   )에 번호를 써 볼까요?

(1)팔찌   (   ) ·   · ①몸을 움직이는 것.

(2)출구   (   ) ·   · ②음식을 먹는 버릇.

(3)동작   (   ) ·   · ③밖으로 나가는 곳.

(4)식습관 (   ) ·   · ④마음으로 느낀 생각.

(5)소감   (   ) ·   · ⑤팔목에 끼는 장신구.

3) 밑줄 친 낱말과 뜻이 비슷한 말은 무엇일까요? (   )

(1)끊어지다.

(2)엉키다.

(3)계속되다.

(4)잊혀지다.

(5)버려지다.

4) 문장에 어울리는 낱말을 (   ) 안에서 골라 O표 해 볼까요?

(1)등산로가 끝없이 (이어지고 / 끊어지고) 있었어요.

(2)자기가 먹을 음식은 배낭에 (함께 / 각자) 챙겼어요.

(3)불이 나면 비상 (입구 / 출구)로 재빨리 빠져나가야 해요.

(4)가수 흉내를 내는 친구의 (동작 / 발짓)이 너무 어색했어요.

(5)나는 밥 먹기 전에 과일부터 먹는 (잠버릇 / 식습관)이 있어요.

5) 밑줄 친 낱말의 반대말을 (보기)에서 찾아 (   )에 써 볼까요?

| 보기 : | 입구 | 함께 | 지우는 |

*앞에서 배운 낱말 중에 잘 알고 있는 것에 O표를 할까요?

(   )승강기 (   )팔찌 (   )모빌 (   )이어지다 (   )각자 (   )출구

(   )동작 (   )식습관 (   )기록하다 (   )소감

*오늘 있었던 일 중에서 낱말 두 가지를 정하여 짧은 글짓기를 해볼까요?

(예) 독후감 : 책을 읽는 것은 재미있는데 독후감 쓰기는 정말 하기 싫어요.

(1)

(2)

(해답) 1)(1)승강기 (2)움직임 (3)이어지다 (4)각자 (5)기록하다 / 2)(1)⑤ (2)③ (3)① (4)② (5)④ / 3)(3) / 4)(1)이어지고 (2)각자 (3)출구 (4)동작 (5)식습관 / 5)(1)지우는 (2)입구 (3)함께

8. 나도 작가

낱말 뜻을 이해하고 낱말의 쓰임을 완벽하게 익혀볼까요?

작가

(뜻) : 소설 · 동화 · 시 · 연극 · 그림 · 사진 등의 예술 작품을 만드는 사람.

(교과서 예문) 나도 작가

◉ **낱말을 따라 써 볼까요?**

| 작 | 가 | | 작 | 가 | | 작 | 가 | | 작 | 가 | | 작 | 가 | |

◉ **(   ) 안의 문장을 빈 칸에 써 볼까요?   (동화 작가를 만나 보았어요)**

| | | | | | | | | | | | | | | | | | | |

작가 낱말을 넣어 짧은 글짓기를 해 볼까요? (예) 누나는 나중에 소설 작가가 꿈이래요.

작가 :

되돌아보다

(뜻) : 다시 생각해 보다. / 다른 뜻 : 고개를 돌려 다시 봄

(교과서 예문) 내가 경험한 일을 되돌아볼 수 있어.

◉ **낱말을 따라 써 볼까요?**

| 되 | 돌 | 아 | 보 | 다 | | 되 | 돌 | 아 | 보 | 다 | | | | |

◉ **(   ) 안의 문장을 빈 칸에 써 볼까요?   (지난 한 해를 되돌아보았어요)**

| | | | | | | | | | | | | | | | | | | |

되돌아보다 낱말을 넣어 짧은 글짓기를 해볼까요? (예) 아빠는 지난 세월을 되돌아보면 행복하대요.

되돌아보다 :

등굣길

(뜻) : 학생이 학교로 가는 길.

(교과서 예문) 눈을 밟았던 느낌을 떠올리며 『눈 내린 등굣길』을 읽어 봅시다.

⊙ 낱말을 따라 써 볼까요?

등굣길　등굣길　등굣길　등굣길

⊙ (　　) 안의 문장을 빈 칸에 써 볼까요?　**(등굣길에서 친구들을 만났어요)**

등굣길 낱말을 넣어 짧은 글짓기를 해볼까요? (예) 등굣길에 갑자기 소나기가 쏟아졌어요.

등굣길 :

뒤따라오다

(뜻) : 누구의 뒤를 따라오다.

(교과서 예문) 뒤따라오는 친구들도

⊙ 낱말을 따라 써 볼까요?

뒤따라오다　뒤따라오다

⊙ (　　) 안의 문장을 빈 칸에 써 볼까요?　**(동생이 나를 졸졸 뒤따라와요)**

뒤따라오다 낱말을 넣어 짧은 글짓기를 해볼까요? (예) 형이 나한테 뒤따라오라고 손짓을 했어요.

뒤따라오다 :

다행히

(뜻) : 걱정했는데 운이 좋아서 일이 잘 됨.

(교과서 예문) 다행히 다치진 않았는데 조심조심 걸어야겠다는 생각이 들었어.

⊙ 낱말을 따라 써 볼까요?

다행히　다행히　다행히　다행히

⊙ (　　) 안의 문장을 빈 칸에 써 볼까요?　**(다행히 고양이를 찾았어요)**

다행히 낱말을 넣어 짧은 글짓기를 해볼까요? (예) 컵을 떨어뜨렸는데 다행히 깨지지 않았어요.

다행히 :

8. 나도 작가

낱말 뜻을 이해하고 낱말의 쓰임을 완벽하게 익혀볼까요?

교과서 어휘
수록 교과서 국어 2-2 ㉯

뽀드득

(뜻) : 단단하고 매끄러운 물건을 비비는 소리. 또는 눈을 밟을 때 나는 소리.

(교과서 예문) 뽀드득 눈을 밟으면 유리창을 닦는 소리처럼 들린다.

⊙ **낱말을 따라 써 볼까요?**

뽀	드	득		뽀	드	득		뽀	드	득		뽀	드	득

⊙ **(　　) 안의 문장을 빈 칸에 써 볼까요?** **(눈 밟는 소리가 뽀드득뽀드득)**

뽀드득 낱말을 넣어 짧은 글짓기를 해 볼까요? (예) 눈을 밟으면 뽀드득 소리가 기분 좋게 들려요.

뽀드득 :

들길

(뜻) : 들에 난 길.

(교과서 예문) 밤사이 눈이 내려 새하얀 들길

⊙ **낱말을 따라 써 볼까요?**

들	길		들	길		들	길		들	길		들	길

⊙ **(　　) 안의 문장을 빈 칸에 써 볼까요?** **(아빠와 시골 들길을 걸었어요)**

들길 낱말을 넣어 짧은 글짓기를 해볼까요? (예) 들길을 걸어서 할머니댁에 갔어요.

들길 :

발자국

(뜻) : 발로 밟은 자리에 남은 모양.

(교과서 예문) 눈 위에 나란히 생긴 발자국을 보고 어떤 생각을 떠올렸을까요?

◉ 낱말을 따라 써 볼까요?

발 자 국   발 자 국   발 자 국   발 자 국

◉ (   ) 안의 문장을 빈 칸에 써 볼까요?   (앞 발자국을 졸졸 따라가요)

발자국 낱말을 넣어 짧은 글짓기를 해볼까요? (예) 아빠가 큰 발자국을 남기며 눈 위를 걸어갔어요.

발자국 :

겨루다

(뜻) : 서로 실력을 발휘하며 승부를 다투다. / (교과서 예문) 수영 겨루기를 해서 민혁이에게 아쉽게 졌지만 민혁이와 즐겁게 수영을 해서 참 좋았습니다.

◉ 낱말을 따라 써 볼까요?

겨 루 다   겨 루 다   겨 루 다   겨 루 다

◉ (   ) 안의 문장을 빈 칸에 써 볼까요?   (상대 팀과 실력을 겨루었어요)

겨루다 낱말을 넣어 짧은 글짓기를 해볼까요? (예) 친구와 팔씨름 겨루기를 해서 아쉽게도 내가 졌어요.

겨루다 :

흐름

(뜻) : 한 줄기로 잇따라 진행되는 것. / 다른 뜻 : 물이나 기체 따위가 흐르는 것

(교과서 예문) 이야기의 흐름을 생각하며 『빈집에 온 손님』을 읽어 봅시다.

◉ 낱말을 따라 써 볼까요?

흐 름   흐 름   흐 름   흐 름   흐 름

◉ (   ) 안의 문장을 빈 칸에 써 볼까요?   (축구 경기의 흐름이 재밌어요)

흐름 낱말을 넣어 짧은 글짓기를 해볼까요? (예) 형은 게임의 흐름을 방해하면 몹시 싫어해요.

흐름 :

더 해보아요

앞에서 공부한 낱말들을 떠올리며 문제를 풀어 볼까요?

1) 뜻에 알맞은 낱말을 (보기)에서 찾아 써 볼까요?

보기 : 겨루다 되돌아보다 등굣길 뒤따라오다 들길

(1) [   ] 다시 생각해 보다.

(2) [   ] 학생이 학교로 가는 길.

(3) [   ] 누구의 뒤를 따라오다.

(4) [   ] 들에 난 길.

(5) [   ] 서로 실력을 발휘하며 승부를 다투다.

2) 문장에 들어갈 알맞은 낱말을 (보기)에서 찾아 (   )에 써 볼까요?

보기 : 작가 다행히 발자국 뽀드득

(1) 항상 카메라를 메고 다니는 우리 삼촌 직업은 사진 (   )예요.

(2) 고양이가 나무 위로 올라갔는데 (   ) 안전하게 내려왔어요.

(3) 엄마가 유리창을 (   ) 소리가 나도록 닦으래요.

(4) 눈 위를 밟으면서 아빠 (   )을 따라 걸었더니 걷기가 쉬웠어요.

3) 문장에 어울리는 낱말을 (   ) 안에서 골라 O표 해 볼까요?

(1) 우리 강아지는 아침마다 (등굣길 / 하굣길)을 따라 오려고 해요.

(2) 친구가 (뒤따라오면서 / 따돌리면서) 내 이름을 반갑게 불렀어요.

(3) 신발을 잃어버렸는데 (다행히 / 아쉽게도) 금방 찾았어요.

4) 낱말의 뜻을 〈보기〉에서 찾아 사다리를 타고 내려간 곳에 기호를 쓸까요?

보기
㉠다시 생각해 보다.　　　　㉡누구의 뒤를 따라오다.
㉢서로 실력을 발휘하며 승부를 다투다.　　　　㉣들에 난 길.

되돌아보다　　　뒤따라오다　　　겨루다　　　들길

(1)(　　　)　　(2)(　　　)　　(3)(　　　)　　(4)(　　　)

5) 문장에 어울리는 낱말을 (　　　) 안에서 골라 O표 해 볼까요?

(1) 나는 (뒤따라오는 / 앞장선) 동생을 향해 빨리 따라오라고 외쳤어요.

(2) 친구와 달리기 실력을 (겨뤄보기로 / 나눠보기로) 했어요.

(3) 어제 했던 행동을 (되돌아보며 / 뒤돌아보며) 잘못을 생각해 보았어요.

*앞에서 배운 낱말 중에 잘 알고 있는 것에 O표를 할까요?

(　　)작가 (　　)되돌아보다 (　　)등굣길 (　　)뒤따라오다 (　　)다행히
(　　)뿌드득 (　　)들길 (　　)발자국 (　　)겨루다 (　　)흐름

*오늘 있었던 일 중에서 낱말 두 가지를 정하여 짧은 글짓기를 해볼까요?

(예) 청소 : 엄마가 방을 깨끗하게 청소하라고 하셨는데 하기 싫었어요.

(1)

(2)

기억

낱말 뜻을 이해하고 낱말의 쓰임을 완벽하게 익혀볼까요?

교과서 어휘
수록 교과서 기억 2-2

4주차 4

돌아보다 (뜻) : 고개를 돌려 보다. / 다른 뜻 : 돌아다니며 두루 살핌 / 지난 일을 다시 생각해 봄

(교과서 예문) 정리 정돈을 잘했는지 돌아볼까요?

◉ **낱말을 따라 써 볼까요?**

돌	아	보	다	돌	아	보	다	돌	아	보	다

◉ ( ) 안의 문장을 빈 칸에 써 볼까요? (내가 앉았던 자리를 돌아봐요)

돌아보다 낱말을 넣어 짧은 글짓기를 해 볼까요? (예) 정리한 자리를 돌아보면 기분이 좋아져요.

돌아보다 :

아쉽다 (뜻) : 만족스럽지 않고 서운하다.

(교과서 예문) 2학년 기억 중 더 잘할 수 있었던 아쉬운 순간을 그리거나 써 보자.

◉ **낱말을 따라 써 볼까요?**

아	쉽	다	아	쉽	다	아	쉽	다	아	쉽	다

◉ ( ) 안의 문장을 빈 칸에 써 볼까요? (친구와 헤어지기가 아쉬웠어요)

아쉽다 낱말을 넣어 짧은 글짓기를 해볼까요? (예) 고양이와 헤어지기가 아쉬워서 꼭 안았어요.

아쉽다 :

기다리다

(뜻) : 어떤 사람이나 때가 오기를 바라다.

(교과서 예문) 3학년을 기다리며

⊙ 낱말을 따라 써 볼까요?

| 기 | 다 | 리 | 다 | | 기 | 다 | 리 | 다 | | 기 | 다 | 리 | 다 | |

⊙ (　　　) 안의 문장을 빈 칸에 써 볼까요?　**(대문 앞에서 형을 기다렸어요)**

| | | | | | | | | | | | | | | |

기다리다 낱말을 넣어 짧은 글짓기를 해볼까요? (예) 할머니가 오실 날을 손꼽아 기다리고 있어요.

기다리다 :

흔들다

(뜻) : 손이나 물건을 위아래나 옆으로 잇달아 움직이다.

(교과서 예문) 팔을 굽혀 힘차게 흔들어요.

⊙ 낱말을 따라 써 볼까요?

| 흔 | 들 | 다 | | 흔 | 들 | 다 | | 흔 | 들 | 다 | | 흔 | 들 | 다 |

⊙ (　　　) 안의 문장을 빈 칸에 써 볼까요?　**(태극기를 높이 흔들었어요)**

| | | | | | | | | | | | | | | |

흔들다 낱말을 넣어 짧은 글짓기를 해볼까요? (예) 출근하는 아빠를 향해 손을 흔들었어요.

흔들다 :

부딪치다

(뜻) : 어디에 세게 마주 닿게 하다.

(교과서 예문) 서로 부딪치지 않게 조심해!

⊙ 낱말을 따라 써 볼까요?

| 부 | 딪 | 치 | 다 | | 부 | 딪 | 치 | 다 | | 부 | 딪 | 치 | 다 | |

⊙ (　　　) 안의 문장을 빈 칸에 써 볼까요?　**(문을 닫다 창문에 부딪쳤어요)**

| | | | | | | | | | | | | | | |

부딪치다 낱말을 넣어 짧은 글짓기를 해볼까요? (예) 장난을 치다 벽에 쾅 부딪쳤어요.

부딪치다 :

기억

낱말 뜻을 이해하고 낱말의 쓰임을 완벽하게 익혀볼까요?

승리

(뜻) : 실력을 겨루어서 이김.
(교과서 예문) 공을 떨어뜨리지 않고 많이 지킨 모둠이 승리해요.

◉ **낱말을 따라 써 볼까요?**

| 승 | 리 | | 승 | 리 | | 승 | 리 | | 승 | 리 | | 승 | 리 | |

◉ **( ) 안의 문장을 빈 칸에 써 볼까요? (축구는 우리 팀이 승리했어요)**

| | | | | | | | | | | |

승리 낱말을 넣어 짧은 글짓기를 해 볼까요? (예) 우리나라 선수들이 승리하는 모습이 참 자랑스러워요.

승리 :

곧다

(뜻) : 구부러지거나 비뚤어지지 않고 똑바르다.
(교과서 예문) 허리를 곧게 펴고 목표 지점을 바라보며 던져요.

◉ **낱말을 따라 써 볼까요?**

| 곧 | 다 | | 곧 | 다 | | 곧 | 다 | | 곧 | 다 | | 곧 | 다 | |

◉ **( ) 안의 문장을 빈 칸에 써 볼까요? (대나무는 항상 곧게 자라요)**

| | | | | | | | | | | |

곧다 낱말을 넣어 짧은 글짓기를 해볼까요? (예) 할머니는 항상 허리를 곧게 펴고 걸어요.

곧다 :

살짝

(뜻) : 남이 모르게 조용히. 심하지 않게 조금.
(교과서 예문) 팔을 살짝 위쪽으로 뻗으며 던져요.

◉ 낱말을 따라 써 볼까요?

| 살 | 짝 | | 살 | 짝 | | 살 | 짝 | | 살 | 짝 | | 살 | 짝 | |

◉ (　　) 안의 문장을 빈 칸에 써 볼까요?　**(고양이가 팔을 살짝 물었어요)**

| | | | | | | | | | | | | | | |

살짝 낱말을 넣어 짧은 글짓기를 해볼까요? (예) 뜨거운 물에 손을 살짝 담가 보았어요.

살짝 :

띄우다

(뜻) : 물 위나 공중에 떠 있게 하다.
(교과서 예문) 풍선을 띄우며 놀아 볼까요?

◉ 낱말을 따라 써 볼까요?

| 띄 | 우 | 다 | | 띄 | 우 | 다 | | 띄 | 우 | 다 | | 띄 | 우 | 다 |

◉ (　　) 안의 문장을 빈 칸에 써 볼까요?　**(빨간 풍선을 두둥실 띄웠어요)**

| | | | | | | | | | | | | | | |

띄우다 낱말을 넣어 짧은 글짓기를 해볼까요? (예) 강물에 종이배를 띄웠더니 동동 떠내려갔어요.

띄우다 :

깡충깡충

(뜻) : 짧은 다리로 매우 가볍고 힘차게 솟구치는 모양.
(교과서 예문) 깡충깡충 뛰어가요.

◉ 낱말을 따라 써 볼까요?

| 깡 | 충 | 깡 | 충 | | 깡 | 충 | 깡 | 충 | | 깡 | 충 | 깡 | 충 |

◉ (　　) 안의 문장을 빈 칸에 써 볼까요?　**(동생이 깡충깡충 뛰어다녔어요)**

| | | | | | | | | | | | | | | |

깡충깡충 낱말을 넣어 짧은 글짓기를 해볼까요? (예) 깡충깡충 뛰어 냇물을 건넜어요.

깡충깡충 :

더 해보아요

앞에서 공부한 낱말들을 떠올리며 문제를 풀어 볼까요?

1) 뜻에 알맞은 낱말을 글자판에서 찾아 묶고 (　　)에 써 볼까요?

(낱말을 가로, 세로 방향으로 찾으면 되어요)

돌	살	짝	부
아	쉽	다	딪
보	승	이	곤
다	흔	들	다

(1)고개를 돌려 보다. (　　　　　)

(2)만족스럽지 않고 서운하다. (　　　　　)

(3)손이나 물건을 위아래나 옆으로 잇달아 움직이다. (　　　　　)

(4)구부러지거나 비뚤어지지 않고 똑바르다. (　　　　　)

(5)남이 모르게 조용히. 심하지 않게 조금. (　　　　　)

2) 문장에 어울리는 낱말을 (　　　　) 안에서 골라 O표 해 볼까요?

(1)동생이 외출한 엄마를 (기다리느라 / 배웅하느라) 현관에 앉아 있어요.

(2)옆 반과 축구를 해서 (승리 / 패배)는 못했지만 한 점 넣은 것은 기뻤어요.

(3)한눈을 팔고 걷다가 마주 오던 사람과 (부딪쳐서 / 부딪혀서) 몹시 아팠어요.

(4)단풍잎을 물 위에 (앉혔더니 / 띄웠더니) 동동 흘러갔어요.

(5)동생이 신이 나서 (깡충깡충 / 깡총깡총) 뛰다가 엎어졌어요.

3)밑줄 친 낱말과 뜻이 비슷한 말은 무엇일까요? (　　　)

(1)기뻤다.

(2)서운했다.

(3)시원했다.

(4)놀라웠다.

(5)안심했다.

4) 뜻에 알맞은 낱말이 되도록 (보기)에서 글자를 찾아 써 볼까요?

보기 :   딪   띄   곧   살   승

(1) 실력을 겨루어서 이김. = [ ][리]

(2) 남이 모르게 조용히. 심하게 않게 조금. = [ ][짝]

(3) 물 위나 공중에 떠 있게 하다. = [ ][우][다]

(4) 구부러지거나 비뚤어지지 않고 똑바르다. = [ ][다]

(5) 어디에 세게 마주 닿게 하다. = [부][ ][치][다]

5) 밑줄 친 낱말의 쓰임이 맞는 친구는 O표, 틀린 친구는 X표를 해 볼까요?

(1)(   )   (2)(   )   (3)(   )

*앞에서 배운 낱말 중에 잘 알고 있는 것에 O표를 할까요?

(   )돌아보다 (   )아쉽다 (   )기다리다 (   )흔들다 (   )부딪치다
(   )승리 (   )곧다 (   )살짝 (   )띄우다 (   )깡충깡충

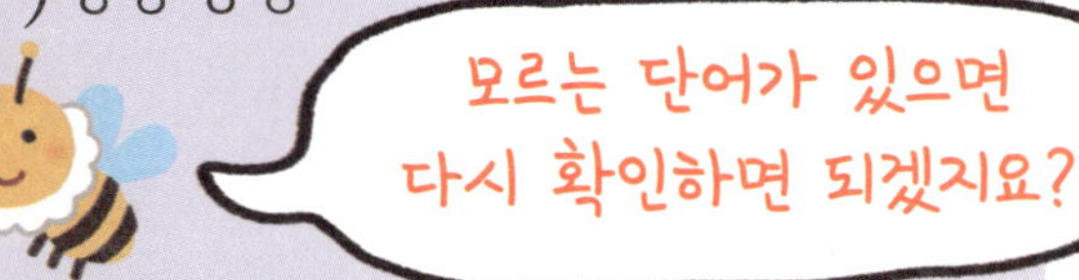

*오늘 있었던 일 중에서 낱말 두 가지를 정하여 짧은 글짓기를 해볼까요?

(예) 우리 동네 : 우리 동네는 약간 촌스럽지만 세상에서 제일 편안한 곳이에요.

(1)

(2)

받아쓰기를 해보아요

앞에서 배운 단어를 떠올리며 맞는 낱말에 O표 하고 문장을 따라 써 볼까요?

1) 친구 (거진말 / 거짓말)에 감쪽같이 속았어요.

2) 우리는 (모듬 / 모둠)별로 계획을 짜기로 했어요.

3) 나도 귀여운 (발려견 / 반려견)을 기르고 싶어요.

4) 오늘 짝꿍이 (팔지 / 팔찌)를 하고 학교에 왔어요.

5) 우리 누나는 (식습간 / 식습관)이 까다로워요.

6) 건물 안에서 (츨구 / 출구)가 어딘지 몰라 잠깐 헤맸어요.

7) 일학년 시절을 (되돌아보면 / 대돌아보면) 많이 그리워요.

8) 아침마다 (등굣길 / 등교길)은 항상 복잡해요.

9) 강아지를 잃어버렸는데 (다행히 / 다행이) 찾았어요.

10) 우리 팀이 (아쉽개 / 아쉽게) 지고 말았어요.

11) 마주 오던 아이와 (부딪쳐서 / 부딛쳐서) 넘어졌어요.

12) 친구와 토끼처럼 (깡충깡충 / 깡총깡총) 뛰었어요.

몇 개 맞았나요?

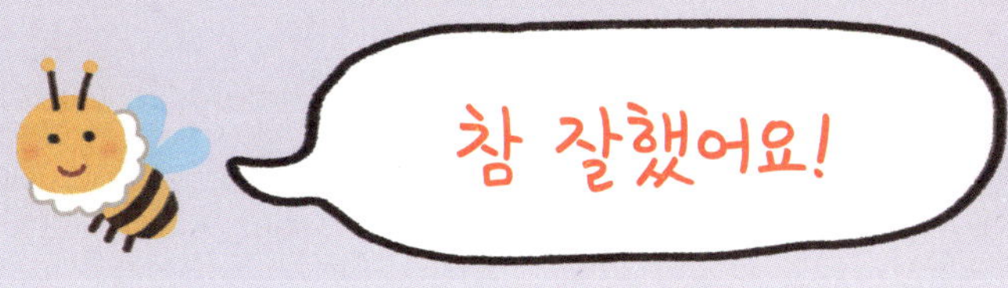

(해답) 1)거짓말 / 2)모둠 / 3)반려견 / 4)팔찌 / 5)식습관 / 6)출구 / 7)되돌아보면 / 8)등굣길 / 9)다행히 / 10)아쉽게 / 11)부딪쳐서 / 12)깡충깡충

〈어린왕자와 사막여우를 만나러 가요〉

공부한 낱말이 들어간 동화를 읽으며 내용에 맞는 낱말에 O표 해 볼까요?

"나는 네가 **1)**(거진말 / 거짓말)을 하고 있다고 생각해. 살던 별로 돌아가기 전에 나를 위해 다른 별을 구경시켜 주고 있다는 걸 잘 알고 있어."

사막여우의 말에 **2)**(뒤따라오던 / 뒷따라오던) 어린왕자는 편안한 표정으로 말했어요.

"네가 그랬잖아. 누군가를 길들인다는 것은 책임지는 거라고. 나는 요즘 **3)**(매일매일 / 메일메일)이 즐거워. 너랑 함께 다른 별들을 구경할 수 있어서 얼마나 행복한지 몰라."

"나도 네가 많이 **4)**(편안 / 편한)해 하는 것 같아서 기분이 좋긴 해."

사막여우는 뒤를 **5)**(도라보며 / 돌아보며) 활짝 웃어 보였어요.

둘은 장사꾼이 사는 별에 도착했어요.

"어서 오너라! 너희가 오고 있다는 사실을 알고 **6)**(기다리고 / 기달리고) 있었다. 좀 빨리 왔으면 내가 더 기뻐했을 텐데 말이다."

장사꾼이 다가오는 어린왕자와 사막여우를 향해 손을 **7)**(흔들며 / 흔둘며) 반갑게 말했어요. 어린왕자가 놀라워하며 물었어요.

"우리가 오고 있다는 사실을 어떻게 알았죠?"

"나는 바람의 **8)**(흐름 / 흐룸)을 아주 잘 알거든. 그 바람을 움직이는 것은 내 별들이지만."

"무슨 뜻이죠?"

"헤아릴 수 없을 만큼 많은 별이 내 것이라는 사실을 잊었구나. 그 별의 **9)**(중심 / 증심)에 있는 내가 모르는 일이 있을 것 같으냐?"

장사꾼은 **10)**(자싱감 / 자신감) 넘치는 표정으로 자랑을 늘어놓았어요.

"나는 어린왕자의 **11)**(식습관 / 식습간)이며 버릇 하나하나도 다 알고 있단다."

"어떻게요?"

"나의 별들은 내가 관심을 둔 일을 모두 **12)**(기록 / 기녹)해 둔단다. 어린왕자 너도 마찬가지지."

장사꾼은 사막여우를 보며 말을 덧붙였어요.

"**13)**(아쉽게도 / 아십게도) 사막여우 너에 대한 기록은 없구나. 앞으로는 모르겠지만."

"나에 대한 기록이 없다니 참 14)(다행 / 다헹)이에요."

사막여우는 인사를 하려고 구부렸던 허리를 15)(곧게 / 곳게) 세우며 대꾸했어요.

㉠"나는 눈 위를 16)(뽀도득 / 뽀드득) 소리도 안 내고 걸을 수 있어요."

"그래요, 사막여우는 17)(깡충깡충 / 깡총깡총) 뛰어도 발자국도 안 남길 만큼 뭐든 완벽하거든요. 사막여우가 숨으면 아무도 못 찾아내죠."

어린왕자도 사막여우를 18)(띄워 / 띠워) 주었어요. 어린왕자와 사막여우의 19)(이어지는 / 잇어지는) 말에 장사꾼은 조금 불쾌해졌어요.

"너희는 서로 하고 싶은 말만 하는구나. 난 너희와 능력 20)(겨루기 / 겨누기)를 하고 싶은 생각이 전혀 없어. 나는 네가 다녀간 뒤 ㉡이만 개도 넘는 별을 찾았어. 더 바빠졌다는 뜻이지."

장사꾼은 어깨를 으쓱이며 자랑했어요.

"그렇게 생각했다면 사과드려요. 나도 당신과 사이좋게 지내고 싶어요."

어린왕자의 사과에 장사꾼은 조금 기분이 풀렸어요.

"숫자를 셀 수 없을 만큼 많은 내 별들을 어떻게 사용하면 좋을지 의견을 듣고 싶구나."

"별을 이용해서 반짝거리는 21)(모빌 / 모블)을 만들면 좋을 것 같아요."

사막여우가 얼른 말했어요. 그러자 어린왕자도 박자를 맞춰주었어요.

"그래요! 그러면 사람들은 당신 별을 아주 쉽게 구경할 수 있으니까요."

"모두 별처럼 반짝이는 모빌을 하나씩 갖는 거죠. 그럼 당신한테 몹시 고마워할걸요. 특히 어린 아기들이 모빌을 몹시 좋아할 거예요."

㉢어린왕자와 사막여우 말에 장사꾼은 눈빛을 빛내며 생각에 잠겼어요.

(나도 작가) 여러분이 그다음 이야기를 지어 볼까요?

사막여우 (혹은 장사꾼) :

____

어린왕자 :

____

<段 >

〈독해 실력이 쑥쑥쑥〉

◉어린왕자와 사막여우 동화로 독해 실력을 높여 볼까요?(말주머니)

1) 어린왕자와 사막여우는 어디를 찾아갔나요? (   )
(1)하늘의 많은 별을 재산으로 여기는 장사꾼
(2)하늘의 별을 따다 파는 사업가
(3)하늘의 별을 한 자리로 긁어모으는 사업가
(4)하늘의 별이 자신을 보호한다고 여기는 사업가

2) 이 글에 대한 생각이나 느낌을 알맞게 표현한 친구는 누구일까요? (   )
수민 : "하늘에는 장사꾼이 발견한 별밖에 없어."
상호 : "하늘의 별을 바라보려면 이 장사꾼에게 돈을 지불해야 돼."
하림 : "발견한 별을 재산이라고 여기다니, 정말 재미있는 장사꾼이야."

3) 이 글에서 장사꾼의 성격에 맞는 설명을 모두 골라 볼까요? (   )
(1)자랑을 좋아한다.
(2)새로운 별을 찾느라 돌아다니는 것을 좋아한다.
(3)별을 팔겠다는 사람이 아주 많다고 생각한다.
(4)새로운 별을 발견하면 자신은 더 부자가 된다고 여긴다.

4) 사막여우는 자신의 기록이 없는 것을 왜 다행이라고 생각했을까요? (   )
(1)장사꾼의 별을 구경하는 것이 뿌듯해서
(2)장사꾼이 자신에게 관심을 주지 않아 화가 나서
(3)장사꾼이 별을 다른 사람에게 팔 수도 있으니까
(4)자신의 사생활이나 비밀이 지켜져서

5) ㉠에서 사막여우는 왜 그런 말을 했을까요? (   )
(1)자신은 아주 똑똑하다는 뜻
(2)어린왕자가 옆에 있으니까 든든하다는 뜻
(3)몸이 가볍고 날쌔어서 누구에게도 발견되지 않을 자신이 있다는 뜻
(4)사막에서 달리기 실력은 자신이 일등이라는 뜻

(해답) 1)(1) / 2)하림 / 3)(1,4) / 4)(4) / 5)(3)

<문해 실력이 쑥쑥쑥> 

◉어린왕자와 사막여우 동화로 문해 실력을 높여 볼까요?

1) 이 글을 통해 알 수 있는 것을 골라 볼까요? (   )
 (1)장사꾼은 어린왕자와 사막여우에게 자기 능력을 자랑하고 싶다.
 (2)장사꾼은 어린왕자를 몹시 그리워했다.
 (3)어린왕자와 사막여우는 장사꾼을 우연히 만났다.
 (4)장사꾼은 어린왕자와 사막여우를 붙잡고 싶어 한다.

2) ㉡의 '이만 개'와 같이 쓰임이 올바른 것 두 가지 골라 볼까요? (   )
 (1)사탕 세 개
 (2)돌멩이 한 개
 (3)나무 열 개
 (4)꽃 스무 개

3) ㉢에서 장사꾼은 마음속으로 어떤 생각을 했을까요? (   )
 (1)"어림없어. 내 별을 싸구려 모빌로 만들다니!"
 (2)"어린왕자와 사막여우에게 별을 모빌로 만들라고 해야겠다."
 (3)"별을 모빌로 만들면 세상이 모두 내 별들로 반짝이는 거잖아!"
 (4)"모빌 장사를 해서 떼돈을 벌어야지!"

4) 장사꾼이 내 친구라고 생각하고, 칭찬과 타이르는 말을 해 볼까요?
 칭찬하기 :

 타이르기 :

5) 별을 모빌로 만들자는 의견에서 배울 수 있는 교훈은 무엇인가요? (   )
 (1)가지고 있는 것이 많을수록 자랑을 해야 한다.
 (2)자신이 갖고 있는 것을 다른 사람과 나누고 함께 즐기면 더 행복해진다.
 (3)친구와 능력 겨루기를 하는 것은 즐거운 일이다.
 (4)모빌을 만들어 팔면 부자가 될 수 있으니 좋은 일이다.

글을 읽고 어떤 속담이 맞는지 보기에서 골라 (　　) 안에 써 볼까요?

보기

- **천 리 길도 한 걸음부터.**(무슨 일이든 그 일의 시작이 중요하다는 뜻)
- **티끌 모아 태산.**(적은 노력이라도 끊임없이 쌓으면 나중에 큰 목적을 이룰 수 있다는 뜻)
- **제비는 작아도 강남 간다.**(작고 볼품없다 해도 제 할 일은 한다는 뜻)
- **쥐구멍에도 볕 들 날 있다.**(지금은 힘들어도 노력하다 보면 언젠가는 좋은 날이 온다는 뜻)
- **콩 심은 데 콩 나고 팥 심은 데 팥 난다.**(모든 일은 원인에 따라 결과가 생김으로 무슨 일이든 노력을 기울여야 좋은 결과를 얻을 수 있다는 뜻)

꼬마 제비 '제제'는 몸집도 작고 날개 힘도 약했어요. 날씨가 추워지고 이젠 강남으로 여행을 떠날 때가 다가오고 있어요. 모두 제제를 걱정했지만 제제는 굳게 결심했어요. '몸이 작다고 꿈까지 작을 필요는 없어. 중요한 것은 포기하지 않는 노력이야.' 제제는 쉴 새 없이 숲 주변을 날았어요. 높게도 날고, 낮게도 날며 날개 힘을 키웠어요. 드디어 제비 떼가 강남으로 출발했어요. 하늘길은 험난했어요. 지친 제비들이 하나둘 떨어져 나갔어요. 하지만 제제는 단련한 날개 힘으로 오랫동안 힘차게 날았어요. 마침내 따뜻한 강남에 도착했어요. 제제는 몹시 기뻤어요. 몸이 약하다고 포기했다면 절대 올 수 없었을 테니까요.

1)

아기 쥐 '꼬미' 집은 햇볕이 들지 않아요. 꼬미는 햇볕이 드는 집을 갖고 싶었어요. 친구가 "그런 집이 필요하면 네가 만들면 되지 않을까?" 하고 말했어요. 그 말을 들은 꼬미는 집을 깨끗이 청소했어요. 집안의 흙이나 먼지도 밖으로 밀어냈어요. 친구들이 꼬미를 비웃었어요. "괜히 힘 빼지 마. 그래봤자 네 집에 볕 들 일은 절대 없으니까." 꼬미는 아랑곳하지 않고 그 일을 3개월 동안 계속했어요. 덕분에 집 입구는 예전보다 훨씬 넓고 깨끗해졌어요. 어느 날 아침, 지쳐 잠들었던 꼬미는 벌떡 일어났어요. 글쎄, 쥐구멍으로 밝은 햇살이 쨍! 하고 들어오지 뭐예요. 꼬미의 기쁨은 말할 수가 없었어요.

2)

꼬마 기차 '칙칙'이는 '무지개 산'까지 가 보고 싶어요.

그런데 그곳은 천 리나 떨어져 있어요. 할아버지가 "천 리가 멀어 못 가는 것이 아니라 아직 첫 걸음도 떼지 않은 네 행동 때문에 못 가는 거란다." 하고 말했어요. 할아버지 말씀이 맞아요! 용기를 낸 칙칙이는 칙! 하고 바퀴를 한 번 굴렸어요. 칙칙! 두 걸음. 칙칙칙! 세 걸음. 눈앞의 한 걸음에만 집중하며 바퀴를 굴렸어요. 한 걸음, 한 걸음, 묵묵히 나아갔어요. 그 적은 노력으로 지나온 길은 어느새 까마득한 거리가 되었어요. 결국 칙칙이는 무지개 산 아래까지 도착했어요.

"어떤 꿈이건 그 꿈을 향해 꾸준히 내딛는 작은 한 걸음의 노력이 가장 중요하구나!"

3) [ ]

농부 '까칠이'는 게으름뱅이예요. 콩을 심으면서 돌멩이가 있거나 말거나 되는대로 심었어요. 부지런한 농부 '성실이'는 달랐어요. 콩을 심을 자리와 팥 심을 자리를 정확하게 정하여 심고, 매일 콩밭을 돌보았죠. 가을이 되었어요. 까칠이가 심은 콩은 잡초에 눌려 열매가 작았어요. 심지도 않은 팥도 군데군데 있었고요. 성실이 밭은 달랐어요. 콩 심은 데는 콩이 주렁주렁! 팥 심은 데는 팥이 주렁주렁! 땀 흘린 노력의 결과였어요. 그걸 본 까칠이는 몹시 부끄러웠어요.

"대충 하는 일은 엉망인 결과를 낳지만, 정확하게 목표를 정하고 성실하게 노력을 기울이면 좋은 결과를 얻을 수 있구나……."

4) [ ]

아기 개미 '톨이'는 크고 웅장한 '개미 태산'을 만들고 싶었어요. 그런데 힘이 부족했어요. 할아버지 개미가 "네 몸집이 작아서 꿈을 못 이루는 것이 아니라 네 노력이 부족해서 꿈을 못 이루는 거야." 하고 말했어요. 톨이는 그 말을 듣고 매일 작은 흙을 물어다 쌓기 시작했어요. 비 오는 날에는 한 개도 못 옮겼지만 맑은 날에는 백 개도 넘게 흙과 티끌을 물어 날랐어요. 1년, 2년, 세월이 흘러도 톨이는 일을 멈추지 않았죠. 마침내, 티끌 같은 흙 부스러기들이 모이고 모여서 커다란 산이 완성되었어요.

"티끌 같은 것이라도 포기하지 않고 꾸준히 쌓아 올리면 언젠가는 큰 태산을 이룰 수 있구나!"

5) [ ]

칭 찬 상

_____초등학교

___학년___반

이름 _______

나는 『어휘 방망이로 문해력을 뚝딱』
2단계 2과정을
즐겁게 공부한 멋진 어린이입니다.
앞으로도 어휘력·독해력·문해력·
박사가 되도록 노력할 것입니다.
지금의 노력이 오랫동안 이어지기를
바라며 이 상을 주어 칭찬합니다.

년   월   일

나의 노력으로 멋진 미래를 기대하며 (사 인   )

교과서 어휘
찾아보기

초등 2학년 2학기(2단계 2)에 수록된 어휘들을
과목별로 나누어 순서대로 정리하였습니다.

차례

국어 교과서 어휘 148~149페이지
수학 교과서 어휘 150페이지
계절 · 인물 · 물건 · 기억 교과서 어휘 151페이지

수학 교과서 어휘 및 페이지

생각디딤돌 창작교실

생각디딤돌 창작교실은 소설가 · 동화작가 · 시인 · 수필가 · 역사학자 · 교수 · 교사 들이 참여하는 창작 공간입니다.

주로 국내 창작 위주의 책을 기획하며 우리나라 어린이들이 외국의 정서에 앞서 우리 고유의 정서를 먼저 배우고 익히기를 소원하는 작가들의 모임입니다.

『마법의 맞춤법 띄어쓰기(전8권)』『마법의 속담 따라 쓰기(전4권)』『마법의 사자소학 따라 쓰기(전2권)』『마법의 탈무드 따라 쓰기(전2권)』『어휘 방망이로 문해력을 뚝딱 1단계(전2권)』 등을 펴냈습니다.

문학나무 편집위원회 감수

문학나무 편집위원회는 소설가 윤후명 선생님을 비롯한 많은 소설가, 시인, 평론가 등이 활동하며 문예지 〈문학나무〉를 발간하고 있습니다.

동리문학원 감수

동리문학원은 소설가 황충상 원장님이 이끌어가는 창작 교실로 우리나라의 많은 문학 작가들의 활동 무대입니다.

집필 이종은

소설가 · 동화작가

집필 신희천

교육개발원 중등 국어 집필 및 심의위원(전)

어휘 방망이로 문해력을 뚝딱
2단계 2

초판 1쇄 발행 / 2025년 12월 05일

초판 1쇄 인쇄 / 2025년 12월 10일

집　　필——이종은 / 신희천 / 생각디딤돌 창작교실
감　　수——문학나무편집위원회, 동리문학원
펴낸이——이영애
펴낸곳——도서출판 생각디딤돌
　　　　　출판등록 2025년 6월 11일 제2025-000033호
　　　　　전화 070-7690-2292　팩스 02-6280-2292

ISBN　973-11-993205-4-3(64710)
　　　　978-11-993205-5-0(세트)

ⓒ생각디딤돌